SPECIAL WEAPONS AND
TACTICS

训练方式专业解读
装备、战术详细图解

世界特警专业训练手册

特警作战

SWAT

龚秦川 编著

SPECIAL

WEAPONS

AND

TACTICS

台海出版社

图书在版编目（CIP）数据

特警作战 / 龚秦川编著 . -- 北京：台海出版社，
2019.1
ISBN 978-7-5168-2220-3

Ⅰ . ①特… Ⅱ . ①龚… Ⅲ . ①特种警察－特殊环境下
作战 Ⅳ . ① E835

中国版本图书馆 CIP 数据核字 (2019) 第 019613 号

特警作战

著　　者：龚秦川

责任编辑：俞滟荣　　　　　　　　策划制作：指文文化
视觉设计：王　涛　　　　　　　　责任印制：蔡　旭

出版发行：台海出版社
地　　址：北京市东城区景山东街 20 号　　　邮政编码：100009
电　　话：010 － 64041652（发行，邮购）
传　　真：010 － 84045799（总编室）
网　　址：www.taimeng.org.cn/thcbs/default.htm
E - mail：thcbs@126.com

经　　销：全国各地新华书店
印　　刷：重庆共创印务有限公司
本书如有破损、缺页、装订错误，请与本社联系调换

开　　本：787mm×1092mm　　　　　　1/16
字　　数：333 千　　　　　　　　　　印　　张：15
版　　次：2019 年 1 月第 1 版　　　　印　　次：2019 年 1 月第 1 次印刷
书　　号：ISBN 978-7-5168-2220-3

定　　价：89.80 元

目 录
CONTENTS

第五章
训练 / 043

第七章

第一章

特警起源

应运而生的特警部队

特警（Special Police）是警察序列中经过严格挑选与训练，并拥有特殊装备和相关授权的特种精英，他们专门负责应对各种高风险任务——解救人质、围攻恐怖分子、解决劫机事件以及攻击拥有强大火力的各类匪徒等。特警部队对各成员的个人素质和对武器装备的要求，都远远高于普通执法单位，常见的特警装备有冲锋枪、狙击步枪、霰弹枪、防弹衣、防弹头盔、催泪弹及随身破门工具等。如今，几乎所有的国家都组建有自己的特警部队，用以应付严重的突发暴力事件。

特警的出现是与犯罪分子的破坏能力不断提升分不开的。从 20 世纪初开始，科技的迅猛发展使武器逐步小型化、便携化与自动化，且破坏力越来越大。因传统习惯、管理缺失和战争等各方面的原因，大量武器流入民间，成为暴力犯罪的得力"帮凶"。

在 20 世纪 30 年代的美国，手持冲锋枪，开着汽车四处作案的劫匪，几乎遍布全国。火力与战斗技能有限的警察，显然无法应付这一状况，而火力强大的军队又受限于 1873 年国会通过的《地方保安队法》（Posse Comitatus Act，又称《警卫团法》）

▲ 汤姆森冲锋枪是20世纪二三十年代美国黑帮的标志物。

▲ 一眼就能看懂的黑帮人员"标准元素"。

的限制，不能干预国内治安工作（如今多数国家在军队于国内的使用方面都有严格的限制）。这意味着，面对严重暴力犯罪和手持重火力的匪徒，警察只能独自解决——迫于压力，美国警察开始装备冲锋枪等大杀伤力武器。这个时期的美国，通常会根据事态的严重程度，临时抽调射击水平较高的警察，以及召集民间志愿者组成特别行动队。虽然这样的队伍的战斗力有限，且效率低下，但勉强可以应付当时的状况。

1966 年 8 月 1 日，退役的海军陆战队队员查理斯·惠特曼在打死自己母亲和妻子之后，登上了得克萨斯大学奥斯丁校区的一座高塔，用一支步枪狙击校园内的师生。虽然警察很快就赶到了现场，但由于缺乏应对此类训练有素的枪手的经验和战术，他们也束手无策。这场混乱持续了很长时间，最终由警察和市民中的志愿者组成的敢死队强行冲上高塔，用霰弹枪将查理斯·惠特曼击毙。此次事件中，总共有 15 人被查理斯·惠特曼枪杀，31 人受伤，而警方的无能，则遭到了舆论的猛烈抨击，也成为特警部队发展史上的一个标志性事件。

世界上第一支真正意义上的特警部队是于 1967 年由美国洛杉矶警察局（LAPD）的 Daryl Gates（达里尔·盖茨）警官所组建的，其名称简写为 SWAT。SWAT 最初代表 Special Weapons Assault Team（特殊武装突击部队），但 Daryl Gates 警官的上司，时任 LAPD 副局长的 Edward M. Davis 以及其他高层领导认为这一名字的暴力色彩过于浓重，有悖于警察的行动原则，易招致公众反感，因此将名称改为 Special Weapons And Tactics（特种武器和战术）。SWAT 是在美国海军陆战队的协助下完成组建的，通过军方的战术技巧与警务特点相结合，发展出了一套适合执法行动的城市作战技术。SWAT 最初拥有 6 个小队，每队 5 人——包括小队长、狙击手、观察员、侦察员和后援员。

▲ 图为约翰·狄林杰（john dillinger）——20世纪30年代美国中西部最凶悍的银行劫匪之一。他和同时代的邦尼、克莱德、贝克老妈等犯罪团伙，促使包括美国联邦调查局在内的执法单位逐步走向专业化与现代化。

　　1969年8月，SWAT奉命对一个名为黑豹党（Black Panther）的犯罪组织实施逮捕行动，当他们抵达41街与中央大路交界处时，与该犯罪组织成员正面碰上，并遭到对方的火力顽抗。枪战中，双方共使用超过5000发弹药，最后犯罪分子因弹药耗尽而弃械投降。1974年5月，SWAT奉命突袭54街公寓进行人质拯救行动——一名富商的女儿被某犯罪组织劫持，当谈判人员正进行谈判时，歹徒突然向警方开火——双方枪战两小时后，意外引起了火灾。最终，人质成功获救，而屋内的6名歹徒则在大火中被烧死。经过这两起事件之后，社会各界及有关当局都意识到精密部署和善用策略的重要性——警察不

▲ 图为以约翰·狄林杰（John Dillinger）为原型的电影《头号公敌》剧照。

同于军队，单凭火力压制只会造成不必要的伤亡。自此之后 SWAT 在队徽上加上了 41 与 54 这两组数字，以铭记教训。

洛杉矶警察局（LAPD）这一开创性的执法单位配置，带来了极好的执法效果，在短短几年时间里，美国各地的警察局都成立了类似的特警机构。警察局辖区大小不同，特警队的编制也不同。如今，美国大约 90% 的特警部队的全职队员人数不超过 20 人，其中大部分特警部队的全职队员人数甚至不足 10 人。通常邻近警察局的特警部队，在情况需要时可提供迅速的相互支援。

◀图为洛杉矶警局（LAPD）SWAT小组徽章。

▶图为洛杉矶警局徽章。

特警部队与军队特种部队的不同

世界上大多数特警部队的初期组建方式都与美国的 SWAT 相似，即源于军队特种部队。因此，早期的特警部队不管是在技战术与装备方面，还是在编制方面，都与军队特种部队没有太大的不同。即便是一些考虑到执法行动与战争的不同，而进行了刻意删减增补的特警部队，仍然脱离不了军队特种部队的影响。在这些特警部队里上至指挥官，下到普通队员，通常都是由军队中的特种部队退役人员充当，即便是招募的新队员，也是由军队特种部队的人员来训练。不过，这种混淆不清的状况并未持续太久，特警部队的高层指挥官们很快就意识到了问题的严重性。

▼ 军队特种部队常在敌占区活动，于整体处于劣势与远离友军的背景下实施侦察、抓捕、破坏和突袭等任务，以行动的突然性和局部火力优势取得任务区域的暂时控制权。照片为2005年6月28日在阿富汗南部库尔纳省的红翼行动中几乎全军覆没的海豹十队——三人在战斗中阵亡，两人在营救行动中阵亡，仅有左起第四位幸存。

　　1972年1月1日，美国海军黑人士兵马克·埃科萨斯，在新奥尔良市内的多处建筑物里狙击街上的白人市民和白人警察——枪击持续了一周，导致12人死亡，12人受伤。最终马克·埃科萨斯行踪暴露，被超过140名的警察火力压制在一栋建筑物内。为取得压倒性的火力优势，警方又召集了600多名特警队员以及联邦调查局特工。总攻发起时，由直升机在空中指挥引导，多路同时发起攻击，攻入建筑物内。当时的现场情况极为混乱，不同队伍间甚至出现了误击现象——过于强大的压制火力，导致了不必要的友军损伤，也加剧了现场的混乱程度。最终，警方有9人受伤（均是误击造成），马克·埃科萨斯被击毙。令人目瞪口呆的是，根据尸检发现，马克·埃科萨斯早在总攻发起前就已经被击毙。

　　这一事件让警方的高层官员开始重新思考特警部队的技战术、装备与编制等

▼ 特警部队通常是在优势背景下作战，对目标实施最后的突击。特警部队的作战属于执法行动，受到的限制很多，并且对行动的精确性与有效性要求极高。照片为训练中的洛杉矶警局SWAT小组。

诸多方面的问题，并认识到特警与军队特种部队的巨大不同。

●在战场上，武力是解决问题的主要手段，而在执法行动中，武力则是备选手段和最终手段。

●在战场上，为达成战术目的，军队可使用最强火力，对目标进行火力扫荡，而在执法行动中，火力会被严格限制。

●在战场上，因军事行动造成人员伤亡被认为是不可避免的，而在执法行动中，任何不必要的伤亡（队员伤亡、市民附带伤亡、人质伤亡与匪徒伤亡），都可能导致司法程序阶段的不利。

●军队强调的是火力压制和最大杀伤，执法行动强调的是火力控制和有限杀伤，且不以消灭匪徒为首要目的。

特警部队与军队特种部队之间的某些不同

特警部队	军队特种部队
通常情况下，战斗发生在市区、人口密集区与建筑物密集区，交火距离很近。	多数情况下，发生在野外环境，交火距离较远
一般情况下会优先使用非杀伤性武器，如闪光弹与催泪弹。	通常优先使用高杀伤能力的弹药。
尽量以低伤亡的方式完成任务。	以消灭敌人和占领为目的。
开火前需要对目标身份进行准确确认。	任何敌方军事设施和人员都在可攻击范围之内，即使可能造成平民伤亡也能被接受。
以小口径轻武器与小动能弹种为主。	追求高火力强度和杀伤效果，口径、弹种、毁伤能力没有专门的限制。
任务时间短，精神压力大。	任务时间长，体能要求高。
非战斗人员容易误入战斗区域内，并受到意外伤害。	战斗打响前，当地居民通常都已经被疏散。
以击毙或抓捕犯罪分子为目的，如罪犯逃离，则任务失败。	以实现战术意图为目的，战斗的目的并不一定是全歼敌军。
行动成功与否，并不一定在行动完成后就能够知晓——后续严谨的司法过程可能会让前期的行动变得毫无意义。	更强调结果，通常不会过于追究在执行任务的过程中出现的问题。
战斗地域小，掩蔽物多，对攻防双方造成的障碍都较多。	战斗地域大，能够抵御攻击的掩蔽物通常较少。
需要考虑的人员安全问题较多，在控制己方火力的同时，还要考虑到犯罪分子的火力杀伤，以及人质安全等因素。	根据战术任务的需要，可对目标区域进行火力覆盖，而不用过多考虑非战斗人员的伤亡情况。

特警神枪手与军队狙击手的不同

　　神枪手是特警部队中必不可少的单位，其与军队狙击手有着很大不同。很多国家为了区别特警任务和军队任务的不同，会在执法单位中使用神枪手（英文称"Precision riflemen""Scout riflemen"或"Open air assaulters"）这一说法，而在军队中则主要使用狙击手（Sniper）这一称呼。

特警神枪手与军队狙击手任务的不同

特警神枪手	军队狙击手
任务环境复杂，建筑物、车辆与路牌等人工遮蔽物较多，开火距离通常较近。	通常需要远离被猎杀目标，以便迅速脱离。
在优势环境下作战，通常犯罪分子已经被围困。	作战环境多变，有时需要深入敌境，进行长时间独立作战。
有明确的目标，开火前需要核实身份。	射击目标不完全明确，并且有时需要对不确定的目标实施快速射击。
必须首发命中目标的要害，尤其在劫持人质事件中，多数情况下只有一次开火机会，必须一枪就使犯罪分子完全丧失活动能力。	在大多数情况下，只要使目标丧失战斗或指挥能力，任务就算完成。

第二章

特警小组的构成

特警部队成员通常都会有自己主要的任务岗位设定——这可以使特警部队在面对突发状况时，反应更为迅速。面对不同的任务，特警部队的突击小组可以采用不同的组合方式和规模，但其基本的组合岗位是大体相同的。

注：由于本书完成于 2010 年，故以下内容均以当时的特警部队为例进行说明。

破门手

破门手（door-kicker）是负责为特警突击小组去除进入目标地域障碍物的队员。由于破门手通常会身具打开大门、破窗、开墙和破房顶等任务，所以会随身携带铁镐、铁锤、撬棍与定向炸药等破门工具，而其携带的主要武器则为霰弹枪（霰弹枪也是极好的破门工具，它可以很轻松地打掉门锁）。

尖兵

在突入建筑物或房间时，尖兵（point-man）是排在最前面的。由于尖兵必须对任何方向上的威胁进行即时压制，所以通常他是第一个开火的人，也是最容易第一个中弹的人。因此，尖兵通常会配备最厚的防弹衣、戴上防弹面罩、甚至还要拿着防弹盾牌。若拿着防弹盾牌，尖兵在行进过程中，必须保持低矮姿势——这除了可以降低中弹概率外，还不会影响到后面队员的视线和射击。

尖兵的位置极为重要，其行动对整个小组而言具有重要的引导作用——队伍的行进速度、进入时机与临战应变等，都有赖于尖兵的判断。

攻击手

　　攻击手是掩护手（cover-man）、抓捕手（pick-up man）与后卫（rear guard）等单位的统称——他们既是突击小组的主要攻击力量，也是整个突击小组的主角。掩护手紧随尖兵之后，对尖兵进行火力掩护，以及负责警戒两侧的其他方向，并随时准备接替前面队员的岗位。抓捕手通常由小队指挥官兼任，大多位于小队中间，在行进过程中随时协调前后队员的行动，并警戒有可能被前方队员遗漏的地方，以及处理被制服的罪犯，因此随身带有大量捆扎工具。后卫则主要担任警戒后方的任务，同时确认已被清除过的地方。

① 经过特殊工艺处理的PASGT头盔，能避免反光和红外侦察。
② 防毒面具。
③ 无线通信电台开关。
④ 多功能战术背心。
⑤ 装有战术电筒的冲锋枪。
⑥ 防割格斗手套。
⑦ 垂降作业时使用的坐鞍。
⑧ 垂降作业使用的8字环。
⑨ 大腿弹夹套。
⑩ 用于捆绑犯人的扎带。
⑪ 大腿手枪套。
⑫ 护膝。
⑬ 无线电台。
⑭ 扣在战术背心上的万用袋。
⑮ 警用战术刀。
⑯ 警用电筒（可作警棍用）。
⑰ 防毒面具袋。

神枪手

　　特警部队的神枪手类似于军队的狙击手，他们通常会单独行动。在突击小组展开行动前，神枪手会对现场和犯罪分子进行远距离监视。在完成现场情况的侦察后，神枪手会向指挥官进行汇报。突击小组行动开始后，神枪手则担任支援任务，并监视突击现场的情况，随时将相关情况告知现场行动队员。神枪手在整个突击行动中的地位极为重要，他通常是最为了解整体情况的人，并且往往会射出最为重要的一枪。神枪手通常会装备望远镜、夜视仪与高性能的狙击步枪，由于不参与现场行动，所以在大多数情况下他只会身穿最轻薄的防弹衣。

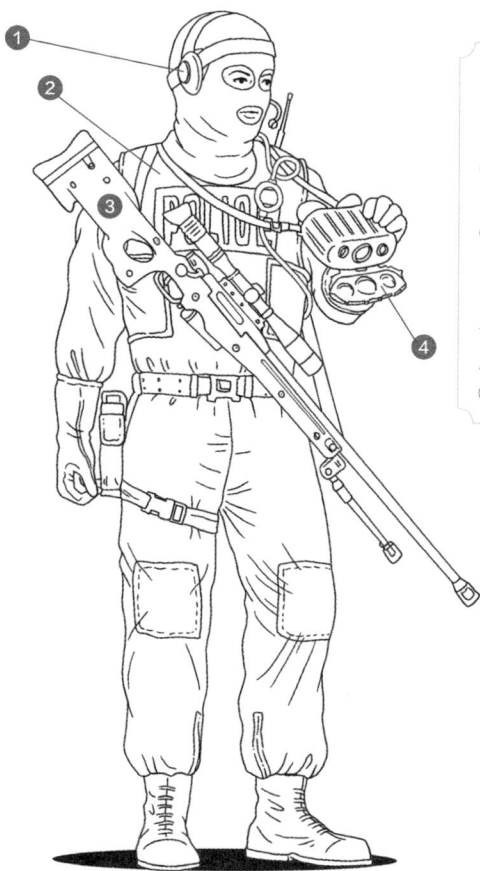

① 神枪手通常远离被攻击地点，其对环境的警惕性要求不高，可使用音质更好、更为可靠的传统结构耳机。
② 神枪手对防弹的要求相对较低，身穿二级或二级A的防弹衣即可。
③ 神枪手通常会使用7.62毫米口径的狙击步枪。由于任务的性质和特点，特警神枪手既不会使用12.7毫米口径的重型狙击枪（反器材步枪），也不会使用小口径的精确射手步枪（小口径步枪的精度和弹道性能达不到特警部队的要求）。
④ 具备望远镜功能的激光测距仪。

第三章
特警选拔

特警部队的核心是团队中的各个精英队员，而团队的总体任务水平则是由各个队员的能力所综合决定的。因此，招募到优秀且具备较大潜力的队员，对于任何一支特警部队来说，都非常重要。

很多人都以为，特警队员只需要有强健的体魄即可。再加上各种影视作品的片面宣传，使特警队员给人的印象是四肢发达、凶狠彪悍。实际上，特警部队在精神、价值观、个人品格、协作能力和学习能力等方面，对队员有着更高的要求，其严格程度甚至超过对体能方面的要求。

SWAT及其他任何一支成熟的特警部队，在每一位队员身上的投入都是巨大的，这其中既包括大笔的培训经费和资源支出，也包括大量的时间成本，以及整个特警部队和政府的声誉与处理危机的能力——因此，特警部队在人员的招募、选拔和培训上都极为严格。一般来说，特警部队在人员的招募与选拔上，会重点考查以下几个方面。

背景履历

应征者应该有在警察部门服务的经历，有些特警部队甚至要求应征者至少具备超过两年在警察部门服务的经历。长时间的警察服务经历，有助于队员更为深刻地认识警察执法行动的特点，有助于队员把握武力行动中的尺度和形成与执法行为相匹配的对突发事件的应急反应。

此外，长时间的警察服务经历，也可为应征者留下详细的履历。这些履历，可以让应征者的能力得到较为全面和真实的体现（如应急反应、判断能力和工作态度）。若是应征者在履历中有滥用职权、暴力倾向与情绪失控等不良记录的话，显然不适合成为特警队员。而若是应征者有调职过于频繁的经历，一般也不会被招募——因为这样的经历会被认为是缺乏沉稳的心态或人际交往能力有问题的表现。

有一些国家的特警部队，会从军方退役人员或其他执法机构中招募人员。同样，应征者在原单位的服役与服务情况将影响到招募机构对他的判断。

学识与学习能力

应征者不仅应该接受过良好的正规教育，具有较为宽广的知识面，还应该对业务相关领域的知识具有强烈的求知欲，且具备较高的领悟能力。特警队员需要掌握大量专业技术知识，并能熟练使用大量高技术装备——这些都只有具有良好学识与学习能力的人才能胜任。

此外，学识也会影响到特警队员的辨识、分析与决断能力，而这些对于瞬息万变的强力武装执法行动来说尤为重要。

性格

性格柔弱、优柔寡断，以及过于平和的人都不适合加入特警部队。在危机时刻，拥有这类性格的人容易情绪失控，或犹豫不决，或出现反应障碍。特别是在面对伤亡，或者过于血腥与暴力的场面时，他们甚至会无法继续进行随后的任务。在这样的情况下，他们不但会危及自身的安全，也会对队友的安全产生极大隐患，甚至会给整个任务的完成制造障碍。

而性格过于张扬、表现欲望过于强烈、自我意识膨胀，以及喜欢用暴力解决问题的人，也同样不适合加入特警部队。在面对极大压力的情况下，拥有这类性格的人可能会情绪崩溃，从一个极端走向另一个极端，或将团队意识抛于脑后，或变得嗜血好杀。

此外，特警部队需要队员是源自内心地对这个职业、对武器、对射击充满持续不断的热情和喜爱，并且为人乐观与开放。只有这样，特警队员才能和整个团队真正融为一体。

品格

品格对于特警队员来说非常重要。特警队员在执法时，很有可能会面对生死攸关的场面，或者手握主宰他人生死大权的情况，因此队员必须拥有良好的品格，以及正确的态度和观念。良好的品格不仅是一个团队中的队员得以相互信赖与彼此依靠的基础，也是纪律部队维持法纪的基础。

技能

除了职业技能，应征者还应在职业相关领域拥有一技之长——特别是在武器使用、装备使用与徒手格斗等方面。

团队意识

团队意识是任何一支纪律部队都会严格要求的部分——对于经常在高对抗性与高任务压力下作业的特警部队而言，队员间的相互信任和责任感更是显得尤为重要。在执行任务的过程中，每一个队员的所作所为都会直接影响到所有人的安危和任务的完成与否——你的安危掌握在队友手中，队友的安危也掌握在你的手中。所以，队员之间必须绝对地相互信任。任何难以沟通、容易与人不和，以及喜欢猜忌的人都不适合进入特警部队。

此外，特警队员还应该具有奉献精神，要处理好团队利益和个人利益之间的矛盾，并将团队利益置于个人利益之上——特别是要处理好团队利益和家庭利益之间的关系。这对大多数应征者来说，都是难以面对的难题。

虽然特警部队强调队员应该更为合群，更善于沟通，更多地保持一致，但在实际情况中，往往还是会有诸多性格各异的队员加入。队员性格各异并非是坏事，对于特警部队来说，性格安静孤傲的队员，可以充当神枪手；而活跃且善于交际的队员，则是攻坚突击小组的不错人选。

体格体能

特警部队对体格和体能有着极高的要求，在极大压力下执行任务，高压状态下的身体会大量消耗体能。此外，特警队员还需要具备大负重能力与抗击打能力，且在特警部队服役期间，高强度的体能训练不会停止，只有这样，特警队员才能随时随地都可应付高强度的任务。但并非所有岗位对体能的要求都是一样的，比如对神枪手的体能要求就没有对攻坚突击小组高，这一岗位更多的是考查射击技术和性格。

特警队员必须拥有良好的视力，并且任何有夜盲、色盲等缺陷或其他眼部疾病的人都不可能被特警部队招募。

　　特警部队对饮酒与吸烟也有限制。酒精会导致身体的反应变得迟缓，记忆力变差，并且容易因外界原因导致酗酒，影响任务能力或导致严重违纪行为。而吸烟则会损坏呼吸系统和心血管系统，上瘾后还有可能会影响任务能力。

　　此外，特警队员应该有良好的卫生习惯和整洁的仪表，这既是健康的保证，也是纪律部队对风纪的要求。

体能要求

①在两分钟内完成不少于50次的标准仰卧起坐。

②在1分钟内完成不少于30次的俯卧撑。

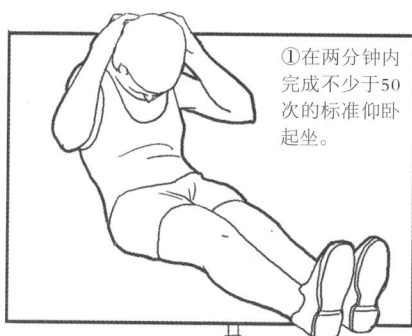

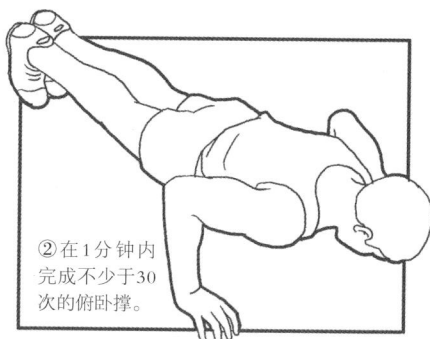

③在半分钟内沿绳索徒手爬上不低于22英尺（约6.7米）的高度。

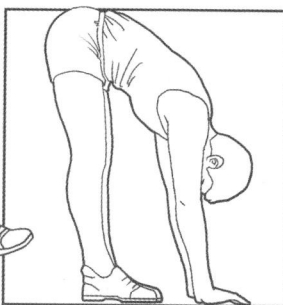

④双腿并拢，双手手掌能完全贴地30秒以上（膝盖不能弯曲）。

⑤全副武装，在10分钟内跑步前进1英里（约1.61公里）。

⑥全副武装，在30秒内
完成不少于40米的匍匐
前进。

⑦背负一名特警队员，
在30秒内登上不少于20
级的楼梯。

性别与年龄

在公众的传统认知中，执法机构的强力突击力量应该是男性的天下。可实际上，在现代特警部队中，女性一样可以参与作战任务。虽然女性普遍在力量、格斗、抗击打和攀爬等方面与男性有明显差距，但对于一些体能要求不高且对抗性不强的职位而言，却能很好地胜任——如神枪手和谈判人员。而且在一些特殊环境下，女性特警队员能够起到更好的作用，更不容易暴露身份——如秘密潜入与情报收集等。

特警部队对年龄的要求不高，通常会更多地考虑体能和家庭因素。当然，即便体能不错，但过大的年龄对于特警部队来说也是不合适的——过大的年龄意味着队员的服役年限将变短，而特警部队投入的成本却没有相应变少。正常情况下，成年男子的体能巅峰在28岁，适当的锻炼，可以将这个巅峰的下降速度减缓。多数特警部队在招募突击队员时，都会将年龄控制在28岁以下，甚至是25岁以下（对于一些特殊技能人员，则没有年龄限制）。至于家庭因素，则主要是因队员随着年龄的增大，对家庭的考虑会更多，行动时可能会出现不必要的干扰。

服役期

应征者一旦进入特警部队，并成为正式的特警队员，就意味着他已成为整个执法部队中的精英，且只要能够达到特警部队的体能和技战术要求，不严重违反纪律或自动放弃，就可以在特警部队中长时间服役（通常，特警队员的年龄超过40岁才需要转入其他非作战岗位）。稳定的队伍人员结构，不但为特警部队保留了大量经验丰富的作战精英，也使得团队的默契程度更高，团队归属感更强。

身高和体重

　　身高和体重的比例从一定程度上反映了应征者当前的身体状况，特警部队对应征者的身高和体重的比例会有一定的要求。此外，通常欧美白色人种的骨骼密度和肌肉密度要高于亚洲黄色人种，因此，各国对身高和体重的比例的要求是不一样的。比如黄色人种男性应征者身高为175厘米，体重要求应该为61～70公斤，但对于同等身高的白色人种男性而言，体重要求则为64～76公斤。

身高（单位：米）	男性特警应征体重范围（单位：公斤）			
	东亚黄种人		欧美白种人	
1.65	54	62	57	68
1.66	55	63	58	69
1.67	56	64	59	69
1.68	56	65	59	70
1.69	57	65	60	71
1.70	58	66	61	72
1.71	58	67	61	73
1.72	59	68	62	74
1.73	60	69	63	75
1.74	61	69	64	75
1.75	61	70	64	76
1.76	62	71	65	77
1.77	63	72	66	78
1.78	63	73	67	79
1.79	64	73	67	80
1.8	65	74	68	81
1.81	66	75	69	82
1.82	66	76	70	82
1.83	67	77	70	83
1.84	68	78	71	84
1.85	68	78	72	85
1.86	69	79	73	86
1.87	70	80	73	87
1.88	71	81	74	88
1.89	71	82	75	89
1.9	72	83	76	90

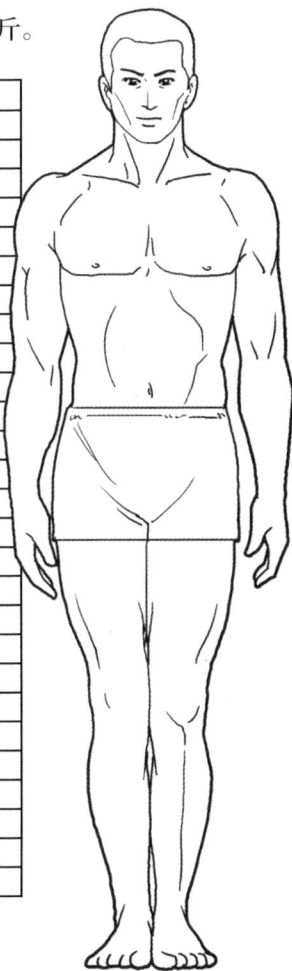

第四章

装备

特警装备的选择和搭配，是由任务的性质、任务区域的环境，以及被执法对象的武装情况等因素决定的。相比其他执法单位，特警的武器选择范围更大——这是由特警部队的任务特点所决定的。同时，特警部队会更容易取得一些特种装备和特种器材的使用权，但要注意的是，特警部队的装备并不一定都是最先进或最新式的——武器的可靠性和根据任务来搭配装备才是至关重要的。

　　近年来，我们越来越多地看到一些非大批量采购的武器、器材、改装件与定制件出现在特警部队的装备序列之中。这些装备的出现，说明特警部队的战术要求在逐步提高，而为应对越来越多样化的任务环境变化，一些装备也变得越来越专业化和专门化。执法环境的多样化与战术经验的不断积累，促进了特警装备的发展，而反过来看，特警装备的发展，也提高了特警部队的执法能力与执法效果。

单兵通信电台

　　特警部队在执行任务的过程中，通讯的畅通有效尤为重要。没有有效的通讯，就无法进行有效的指挥和协调，特警各单位也就无法达成有效的团队协作。通讯的混乱，往往意味着血的代价，甚至是整个任务的失败。

　　特警部队对个人通讯设备有着较高的技术和可靠性要求，以确保在各种恶劣环境下都能保持通讯的畅通。由于特警的作战环境复杂，各种信号遮蔽物与电磁干扰较多，因此需要更高的信号灵敏度。又由于通讯内容直接关系到行动的计划和步骤，因此通讯安全也是必须考虑的因素。此外，无论环境多

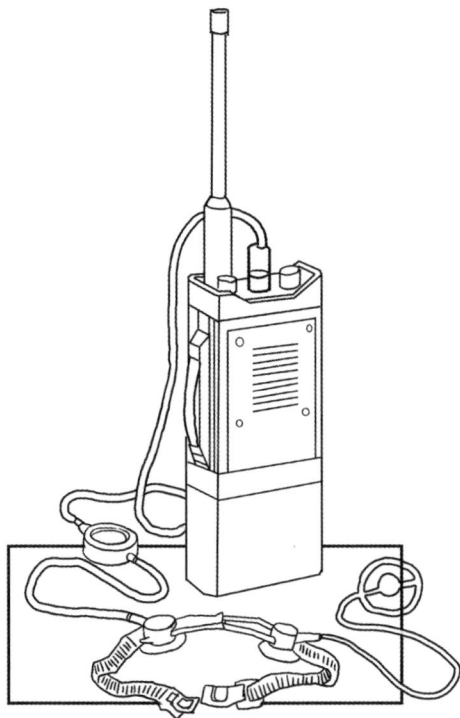

么嘈杂，也无论使用者是高声呼喊，还是低声细语，相关通讯设备都应具备将声音清晰传送的能力。另外，通讯设备的可靠性和牢固程度也是极为重要的考查指标。

特警个人通讯设备通常会采用甚高频（VHF）或特高频（UHF）的某个特定频段。在具体频段的采用上，各个国家的特警部队会所有不同，比如有些是150MHz ~ 174MHz，有些是340MHz ~ 390MHz，有些是800MHz……

麦克风和耳机

虽然单兵通讯电台内置有麦克风和扩音器，但在使用上却并不太方便，因此特警队员的单兵通讯电台都会加装喉头送话器和专用耳机。

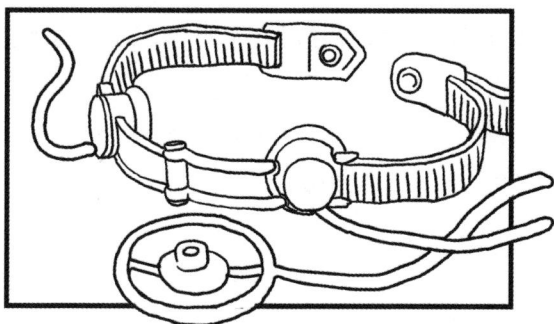

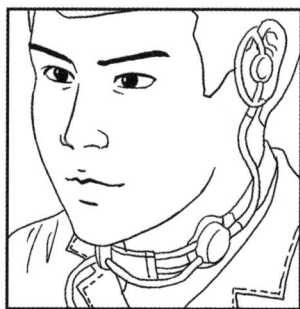

传统麦克风需要使用者发出一定大小的音量才能采集到信号，这会对行动隐秘性造成不良影响，而如果过度提高麦克风的敏感度，又会导致其采集到的信号过于混杂。因此，特警队员会使用喉头送话器（需将其紧贴在喉部）进行通讯——喉头送话器内部有一个振动感应转换器，可将喉部振动转换成电信号，然后由电台进行传送。但因其按压式通话开关通常位于胸前，故不适合神枪手使用——为利于精确射击和捕捉到所有细节，神枪手通常会使用专用声控开关来控制麦克风。

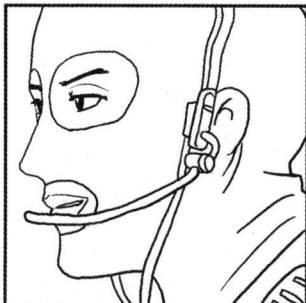

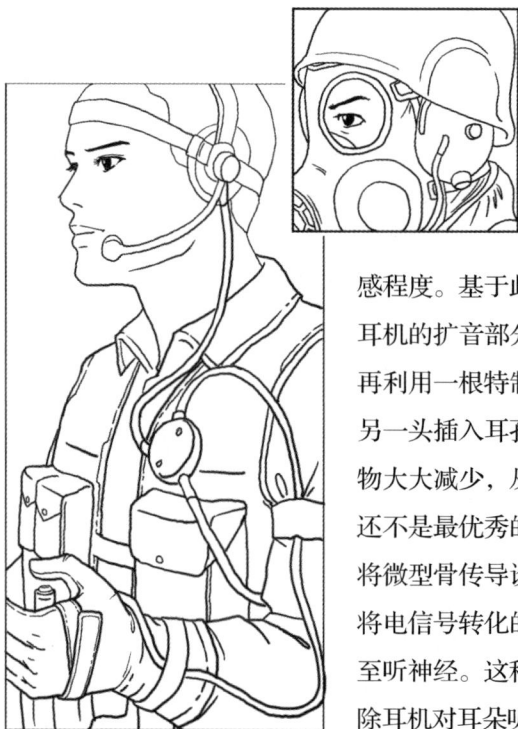

单兵通讯电台的受话部分通常是一个挂在耳朵上的单耳耳机。挂有耳机的耳朵，会受到一定的阻碍，降低对周围声音的敏感程度。基于此，一种新的听音方式出现了——将耳机的扩音部分置于颈部喉头送话器的固定带上，再利用一根特制的塑料软管来传递声音（将软管的另一头插入耳孔内）。在这种方式下，耳朵的遮蔽物大大减少，从而提高了对周围环境的感知。但这还不是最优秀的解决方式，最新的耳机听音方式是将微型骨传导设备贴在耳朵前方，然后利用该设备将电信号转化的声波（振动信号），并通过骨头传至听神经。这种采用骨传导技术的设备，可有效消除耳机对耳朵听力的阻碍。

战术背心

特警队员在执行战斗任务时，会根据任务的性质，携带各种战斗装备，如弹匣、单兵电台、铁镐、铁锤和急救包等，并且这些装备必须有条理地携带在易于取用的位置。于是，一种在军方携行具的基础上兼顾了特警作战特殊性，且拥有耐磨、抗拉伸、防火和防水等特性的战术背心应运而生，成为特警部队必不可少的装备。

这种特警专用的战术背心上的装备袋有固定和非固定两种类型。固定装备袋是直接缝在战术背心上的，而非固定装备袋则是通过魔术粘贴扣或按压纽扣固定在战术背心上的（这种方式更便于特警队员根据任务需要，随时调整装备袋的组合形式）。此外，各种装备袋的开口也必须既能保证装备不滑出，又能让特警队员取用方便——为了达到这些要求，特警部队通常会使用魔术粘贴扣、按压纽扣和插扣等工具来密封装备袋的开口。

特警部队的作战环境与军队的不同，长时间持续作战或无支援作战的可能性极小。因此，特警队员在执行任务时，所携带的装备只需满足任务需求即可，携带过多的弹药或其他装备，会影响到行动时的灵活性——这对于多在狭小空间内展开行动的特警队员来说，无疑是很危险的。

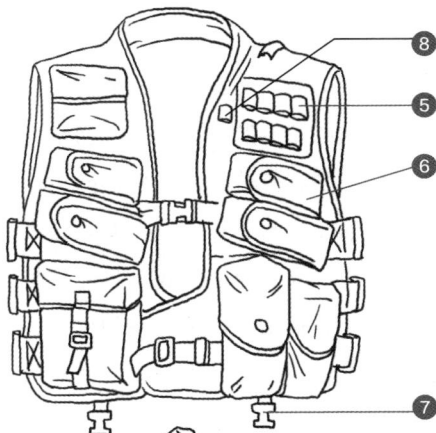

① 无线通信电台袋。
② 固定丁字镐、破门锤、霰弹枪等装备的捆扎带。
③ 万用袋。
④ 方便援救拉扯的提拉带。
⑤ 霰弹枪弹药袋。
⑥ 手枪弹匣袋，通常使用收缩材料制成，以防止弹匣意外滑落。
⑦ 连接垂降坐鞍的插扣。
⑧ 固定无线通信开关的环扣。

① 冲锋枪弹匣袋。
② 手枪弹匣袋。
③ 枪托护垫。
④ 供加装装备袋的按压扣。
⑤ 调整战术背心松紧的扣带。

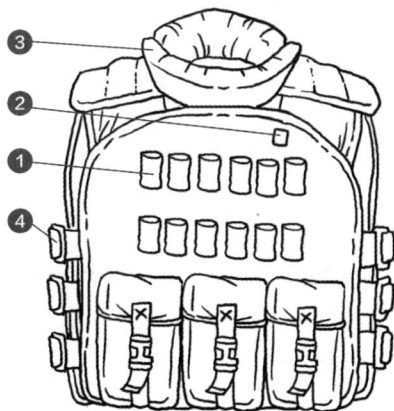

① 霰弹枪弹药袋。
② 固定无线通信开关的环扣。
③ 防弹衣领。
④ 调整战术背心松紧的扣带。

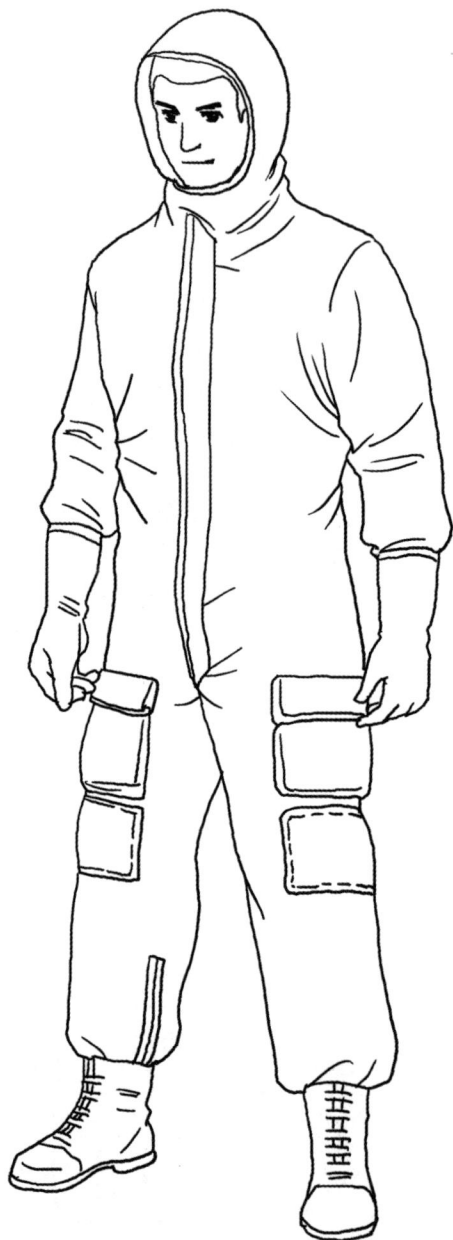

连体战斗服

相比传统的分体制服，连体战斗服更利于应付激烈的作战行动，其防火性、防水性和行动舒适性都远好于分体制服。特警连体战斗服对面料有着严格的要求：面料必须耐磨、抗拉伸能力强、防火、防水、抗腐蚀、材质柔软舒适、不易聚集静电，并且面料相互摩擦时还不能产生太大的声音。所以，现代特警的连体战斗服通常是采用聚酯纤维和棉编织而成。在颜色上，特警连体战斗服通常会使用中度灰色到黑色这个范围的色调——实践表明，这些颜色在城市环境和建筑物内有较好的作战辅助效果。

连体战斗服通常采用拉链设计，在传统的设计中，一般会在大腿、胸部和手臂位置缝制口袋。但越来越多的实践表明，连体战斗服上身的口袋作用极为有限，甚至完全无用——因为特警队员会在连体战斗服外穿上战术背心，而战术背心上有更多、更易用的装备袋。因此，现在越来越多的新式连体战斗服的上身都很少有口袋。当然，旧式的连体战斗服也并未完全被代替——这类连体战斗服可适用的范围较广，比如可作为日常作训服使用。

此外，在一些连体战斗服的肘部和膝盖位置还设有隔热与加固的内衬，以便于特警队员能在高温物体表面爬行并降低受伤的可能性。

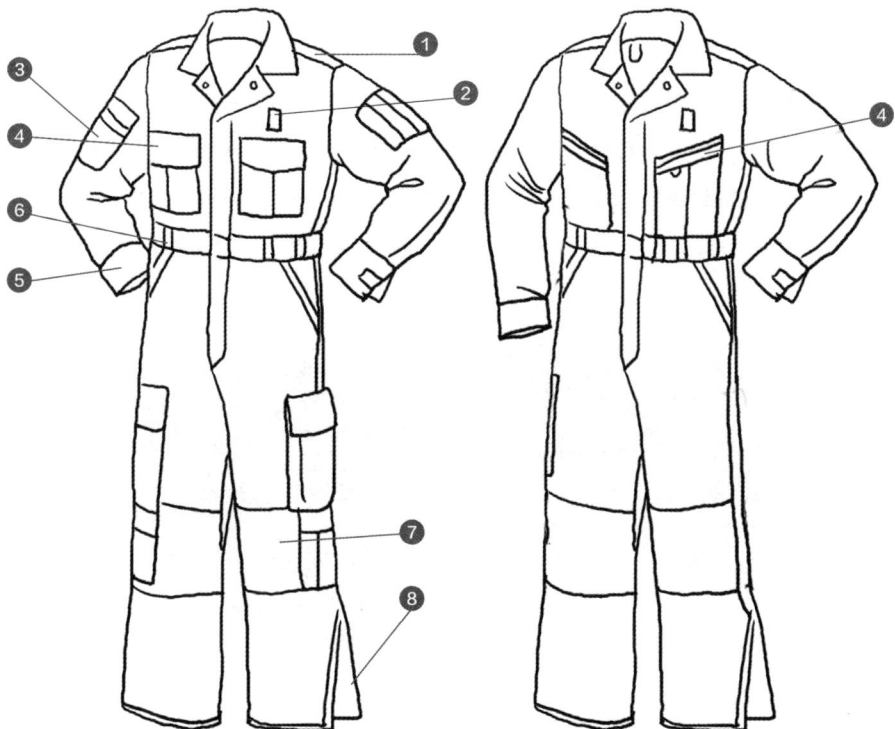

① 肩章挂扣。
② 胸章、证件、无线通信开关挂扣。
③ 臂袋。
④ 有盖（左图）或拉链（右图）的口袋。
⑤ 可调整宽窄的袖口。
⑥ 可收缩的腰带。
⑦ 膝盖部位有耐磨材料。
⑧ 裤管口可调整宽窄。

护肘护膝

　　特警作战的环境中，采用爬行、快速姿态转换、攀爬与绳降等激烈战术动作的可能性很大。为了避免不必要的受伤（关节处受伤会影响到特警队员的行动能力），导致任务受到影响，特警队员都要装备护肘与护膝。这两种装备的外部为坚固的外壳，内侧则垫有厚实柔软的内衬。

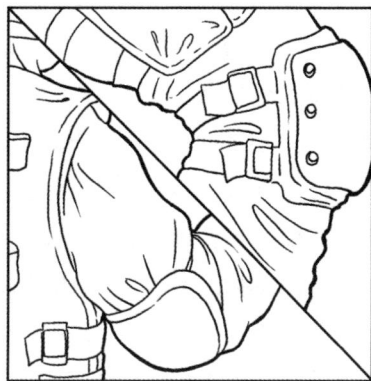

护目镜

护目镜是特警队员必不可少的装备之一，在几乎所有的突击任务中，特警队员都会被要求戴上护目镜。特警部队的护目镜必须能提供良好的视野，并拥有高透光率、表面不出现耀眼的反光和镜面内外都不易出现水气聚集等特性，还要能够抵挡爆炸产生的破片。此外，护目镜还要能够防止水和气体进入，且佩戴舒适。

头套

头套也是常见的特警装备，特警队员戴头套的原因主要有以下几点。

第一，防火。用防火材料做成的头套，可以避免特警队员在战斗中被火焰或爆炸产生的高温所灼伤。

第二，减轻心理负担。根据研究表明，执法行动中，在自身相貌被掩盖，不为人辨识的情况下，特警队员的行动更为坚决果断。

第三，身份的保密。不同于执行军事任务的士兵，特警队员的任务区域都在执法机构辖区之内，而这些队员很可能就居住在当地。因此身份保密，不管对于自身的安全，还是对于行动任务的保密以及避免不必要的骚扰（好奇者、媒体、有不良图谋者）而言，都具有重要的意义。

第四，减少皮肤暴露。通常人的面部皮肤是和周围环境反差最大的部分，并且在有光线的情况下，面部的反光最为明显，而军队使用的在面部涂抹伪装油彩的做法，显然无法适用于处理突发事件的执法机构。

第五，加强对罪犯的心理影响。有研究表明，在面对无法分辨面貌的攻击者时，

人的心理压力更大，特别是在对方突然闯入时。这一点对本身就心虚的犯罪分子来说，就更为有效了。

　　头套孔通常有三种：单孔、双孔、三孔。单孔头套只会露出双眼，面部的遮蔽效果最好，但通话效果差，呼吸也会受到影响。双孔头套会露出双眼和嘴部，但有时候孔的位置会发生移动。三孔头套的双眼处会分别开孔，同时还会露出嘴巴，既能保证通话效果，也避免了头套的移动，但双眼间的头套布条会稍微影响视野。

手枪枪套

　　传统的手枪枪套大多挂于腰带上或腋下。可对于特警队员来说，当穿上防弹衣和战术背心之后，若仍然将手枪枪套挂于腰带上，则有可能无法顺利拔出手枪。而若将手枪枪套挂于腋下，则会导致腋下过于臃肿，影响行动。现代特警通常会将手枪枪套固定在大腿外侧，其高度不低于手自然下垂到达的高度。

　　手枪枪套通常是用插扣吊挂于腰带或者战术背心上，然后用松紧带或者魔术贴固定在大腿上的。手枪枪套上的手枪固定扣，有按压扣和魔术贴两种。按压扣在打开时声音小，并且拔枪时受到阻碍的可能性小。不过，一旦打开，需要刻意按

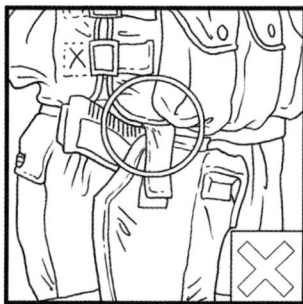

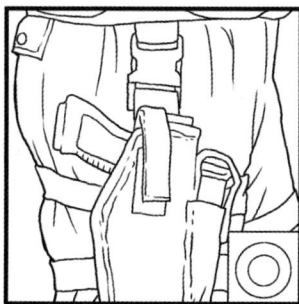

压才会重新扣上，且如果按压扣的牢固程度不够，则容易遭到损坏。魔术贴是现在比较流行的工具，其可靠程度高，开合简单，但打开时声音较大。有一种观点认为，打开时的声音大并不影响战术运用——若任务中特警队员以手枪为主要武器，那么在行动之初，手枪就已经被拔出枪套；若手枪只是辅助武器，用于紧急情况下的射击，那么此刻已经没有隐蔽的必要了。

独立弹匣袋

　　虽然战术背心上有手枪和冲锋枪的弹匣袋，但特警队员有些时候可能会用到独立弹匣袋。同手枪枪套一样，独立弹匣袋也不适于挂在腰带上，以避免特警队员在换弹匣的过程中受到防弹衣和战术背心的阻碍。独立弹匣袋的挂载方式同手枪枪套完全一样，需要注意的是弹匣袋的重量，因为它与手枪枪套各居于两条大腿的外侧，若重量差别过大，便会影响到人的身体平衡，导致行动的灵活性受到影响。

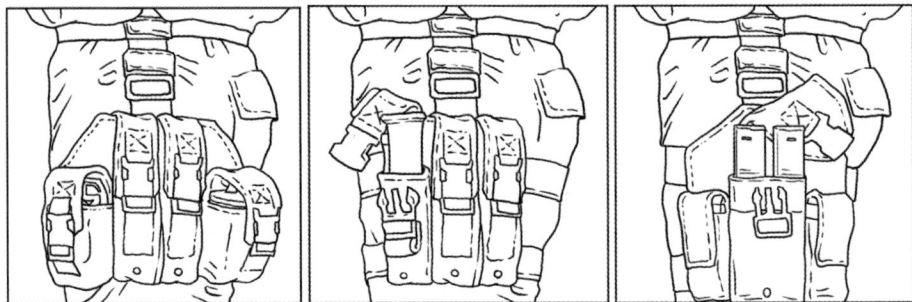

▲ 装入两个冲锋枪弹匣和两个闪光（震荡）手雷，基本上已经是独立弹匣袋的极限容量了。

▲ 拥有三个冲锋枪弹匣的独立弹匣袋。

▲ 这种独立弹匣袋，中部的袋子装有卡具，可并排放下两个冲锋枪弹匣。左右两侧的小袋子，为手枪弹匣袋。

手套

　　特警队员在执行任务时，通常会被要求戴上手套。因为双手承担了绝大多数的战术动作，所以保护好双手对于特警队员来说极为重要。特警部队储备有多种手套，其选择的标准取决于任务的性质。当然，不管哪种手套，都不能影响到射击和其他战术动作。常见的特警部队专用手套有垂降手套、格斗手套和射击手套这三种。

垂降手套主要在特警队员通过绳索进行垂降时使用，通常以牛皮或其他耐磨材料制作，并于手掌和手指内侧部分进行了加厚，可以经受住高速垂降时的剧烈摩擦和因摩擦而产生的高热。

格斗手套具有极强的防切割能力——这种通过特殊材料混合纺织而成的手套，可以让特警队员直接用手抓握犯罪分子的刀具刃部而不会受伤。并且，格斗手套通常都具有防火和防化学腐蚀的功能。

射击手套既是使用频率最高的一种特警手套，也是功能最为齐全的特警手套，它不但具有极好的防滑能力和射击握持手感，还能用来应付一般的垂降和格斗。其中，有一种露出指头的手套，能带来更好的射击握持手感和扳机扣动手感。

▲ 由优质牛皮制成的垂降手套，在手掌和手指部分有加厚处理。这种手套可经受快速垂降30米所产生的高热和摩擦。

▲ 由特殊材料制成的格斗手套，可防化学腐蚀与刀刃割伤，能够直接与刀刃接触，并保护特警的手掌不被割伤。

▲ 手指和手掌位置有防滑纹路的射击手套，有助于武器握持。这种手套的手背、指背和掌心处都有加厚设计，不仅有助于吸收射击冲击和格斗伤害，还可用于垂降作业。

随身破门工具

破门工具通常由专门的破门手携带。在携带时，破门手需要将工具的尖利部分包裹起来，以免行动时造成误伤。常见的随身破门工具包括铁锤和多用途铁镐。

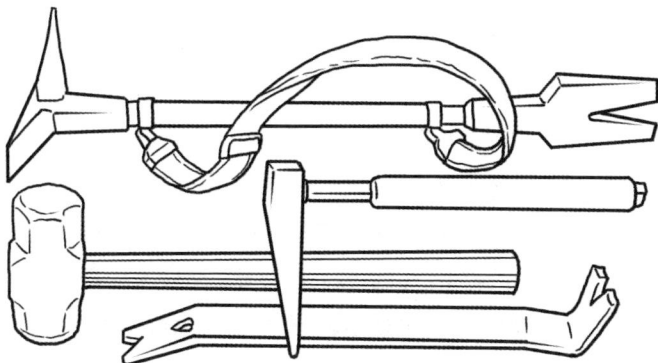

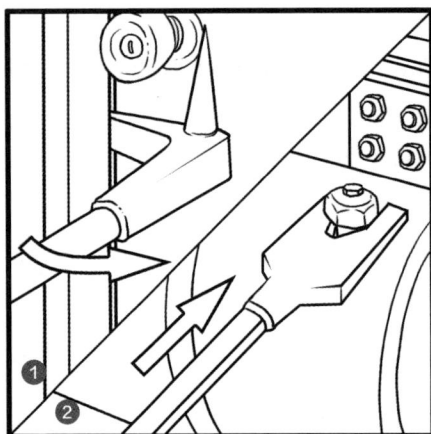

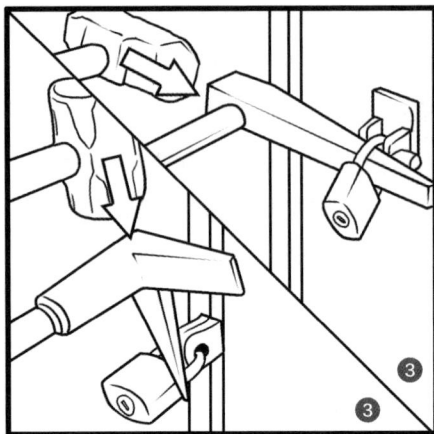

①专用撬门工具可以很轻易地撬开常见门窗。

②叉形工具用途较多，其中之一是作为突击大型公共车辆所用。用该工具卡在公共汽车车架上的储气罐阀门上，再用铁锤击打，敲掉阀门，可使储气罐内的压力迅速下降，并使刹车系统锁死，进而让气动车门自动打开——这有助于特警队员快速进入车内，控制车辆。

③尖锥工具可以迅速破坏锁具。

防弹衣

防弹衣是现代特警部队必不可少的装备之一，它可以大大降低队员中弹后的死伤率。但需要注意的是，防弹衣的作用实际上是非常有限的，它只是保护了人体躯干中面积最大的部分——如果子弹直接射中头部、颈部或大腿动脉，仍然可以在短时间内造成人员死亡。并且，防弹衣的防护能力也是有限的，对于动能较大的武器（如突击步枪、轻重机枪和狙击步枪等）而言防护力很有限。不过就特警的作战环境来说，遭遇这类大威力武器攻击的可能性相对较小。

防弹衣分为软式和硬式。软式防弹衣由多层紧密编织的纤维所制成，能抵挡手枪与霰弹枪的子弹或来自手榴弹等爆裂物的破片攻击，以及较远距离的自动步枪攻击。而加装金属或陶瓷护层的硬式防弹衣，则能够在一定程度上抵挡自动步枪子弹的近距离射击，但是容易龟裂且重量较大。通常普通执法人员与保卫人员会使用软式防弹衣，而特警队员则较常使用硬式防弹衣。软式防弹衣的好处在于轻便又舒适，可以让使用者活动灵活，而硬式防弹衣的好处在于能抵挡更强大的武器的攻击。软式防弹衣通常会使用凯夫拉（Kevlar）材料，不过目前中国也有特警部队使用纺纶复合超高分子聚乙烯纤维材料制作的防弹衣。

　　防护能力并非是防弹衣的唯一考量标准——如果随着防护能力的加强，防弹衣的重量或厚度也大幅度增加，必将影响使用者的行动灵活性。因此，特警需要根据任务环境和风险状况来选择不同级别的防弹衣，以达到防护和灵活性的最佳平衡。

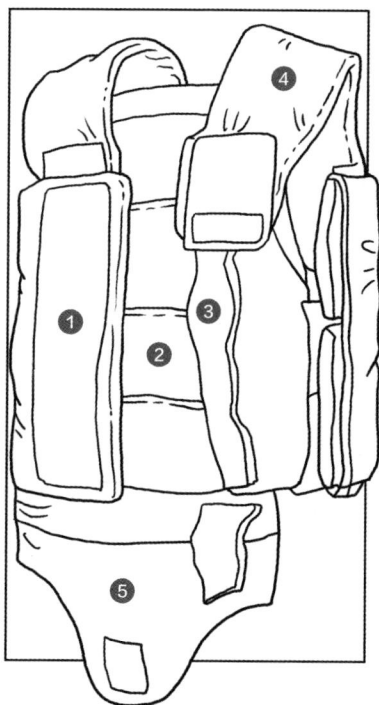

▲ 三级防弹衣。

①为了便于穿着，利用魔术贴（粘扣）将防弹衣各个主要部分连接起来。
②软式防弹衣通常由凯夫拉材料制成。
③胸前和后背处设计有加装防弹装甲片或防弹陶瓷片的袋子，用以加强防弹性能。
④肩膀处同样是由防弹材料制成。
⑤三级及三级以上的重型防弹衣，防弹区域会扩展到腰腹以下。

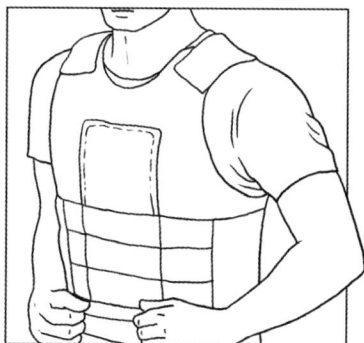

▲ 二级和二级A防弹衣。

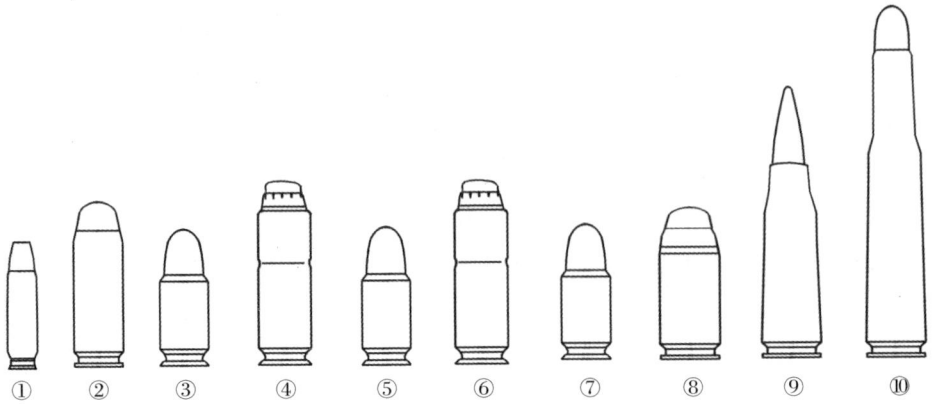

① 22 LRHV 40 grain
② 0.38 speaial RN
③ 9mm FMJ
④ 0.357 magnum JSP
⑤ 9mm FMJ

⑥ 0.357 magnum JSP
⑦ 9mm FMJ
⑧ 0.44 mag lead SWC GC
⑨ 7.62mm FMJ 150
⑩ 30-05 AP 166 grain

防弹衣级别表

能抵御的弹种	弹头重量（格令）	初速（米/秒）	级别	
22 LRHV 40 grain	40（约2.59克）	320	一级	最轻薄的防弹衣，适合于便衣与安保人员，只能抵挡小口径自卫手枪射击。
0.38 speaial RN	158（约10.24克）	259	一级	
9mm FMJ	124（约8.04克）	332	二级 A	能抵挡中小口径手枪射击，适合安保人员日常使用。
0.357 magnum JSP	150（约9.72克）	381	二级 A	
9mm FMJ	124（约8.04克）	358	二级	
0.357 magnum JSP	158（约40.24克）	425	二级	
9mm FMJ	124（约8.04克）	427	三级 A	可抵御任何制式手枪的射击，也可抵挡部分9毫米口径的冲锋枪射击，是特警部队的入门装备。
0.44 mag lead SWC GC	240（约15.55克）	427	三级 A	
7.62mm FMJ 150	150（约9.72克）	838	三级	此类防弹衣可插入附加防弹材料（如防弹钢板与防弹陶瓷片），重量较重，达到9公斤以上。
30-05 AP 166 grain	166（约10.76克）	869	四级	这类防弹衣重达12公斤以上，配上附加防弹钢板或陶瓷片，可抵挡制式自动步枪的射击。

头盔

实战证明，装备有头盔和防弹衣的士兵，在战场环境下的伤亡概率可下降40%以上。特警队员的任务环境，与战场环境是比较近似的。因此，与防弹衣一样，头盔对于特警队员来说，同样是非常重要的装备。

现代头盔通常使用防弹复合材料制成，诸如凯夫拉头盔，其防护能力比钢质头盔提高了24%～40%，且重量还远轻于后者。美军新型的凯夫拉头盔，能抵御初速620米/秒左右，重量为11克的弹头的攻击，这相当于三级A水平的防护能力。不过，在现有技术条件下，头盔的防弹能力并非是检验头盔好坏的唯一标准，过重的头盔将给颈部带来更多的负担，并影响佩戴者的灵活性。同时，对于近距离的突击步枪

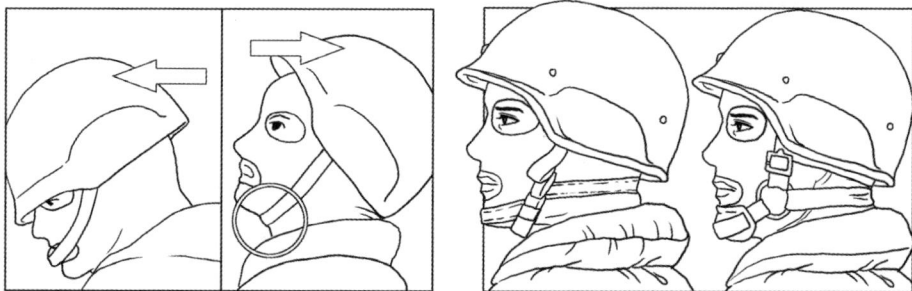

▲ 当冲击力来自后方时，若没有后固定带，头盔会被向前掀起。因此，后固定带对头盔的稳定有极为重要的作用。

▲ 当冲击力来自前方时，头盔会被向后掀起，颚带有勒住喉部的危险。

▲ 为了防止勒住喉部，传统头盔在佩戴者的嘴唇下方加装了一个固定带。

▲ 最好的方式是让颚带和后固定带相结合，用固定罩来固定头盔。

射击，即便可通过增加厚度来避免被击穿，但头盔的自然变形和弹头带来的巨大冲击力，也会造成佩戴者的头部和颈部严重受伤。因此，头盔同样需要考量综合防护能力、灵活性与实战意义等方面的因素。

现代军警用头盔，通常在两侧和后部都有围裙样式的设计，加大了防护范围。需要注意的是一些伞兵部队以及个别国家的特种部队，采用了去掉围裙的紧凑设计，这主要是考虑到了这些部队的特殊任务环境——去掉宽大的围裙，对战术动作施展

更为有利。

头盔的内衬设计极为重要，它会直接影响到头盔的佩戴舒适程度和防护效果。美军的 Pasgt 头盔沿用了 M1 和 M1956 头盔的内衬系统设计，并在 M1 和 M1956 头盔的基础上进行了较多改进，被特警部队和军队特种部队广泛采用。

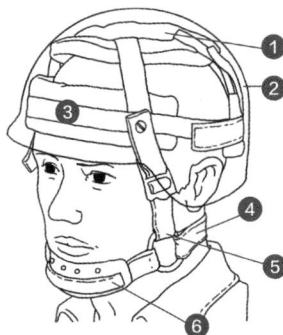

①顶部护垫。
②后部护垫。
③前部护垫。
④后固定带。
⑤颚带。
⑥固定罩。

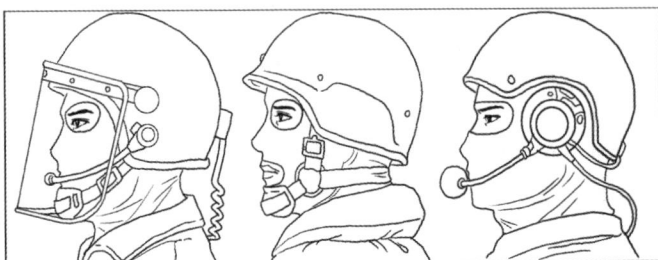

▲ 日本的特殊急袭部队（SAT）装备的头盔保护面积最大，内部集成了耳机与麦克风，面部还加装有防破片透明面罩。这些设计虽然提高了防护能力，但也增加了头盔重量，影响了头部活动。

▲ 美军采用的 Pasgt 头盔在保护面积和灵活性的平衡方面处理得比较好。

▲ 加拿大 RCMP 特警部队头盔极为轻便灵活，但也大大减少了保护面积。

防弹面罩

由于有遭遇爆炸物的可能，特警队员有时候需要戴上具有防弹面罩的头盔，以防止爆炸对面部（特别是眼部）造成伤害。这种防弹面罩，通常使用内有聚碳酸酯层的亚克力（Acrylic）材料制成——在一般情况下可以抵御 9 毫米口径弹药的射击以及常见普通爆炸物的破片冲击。

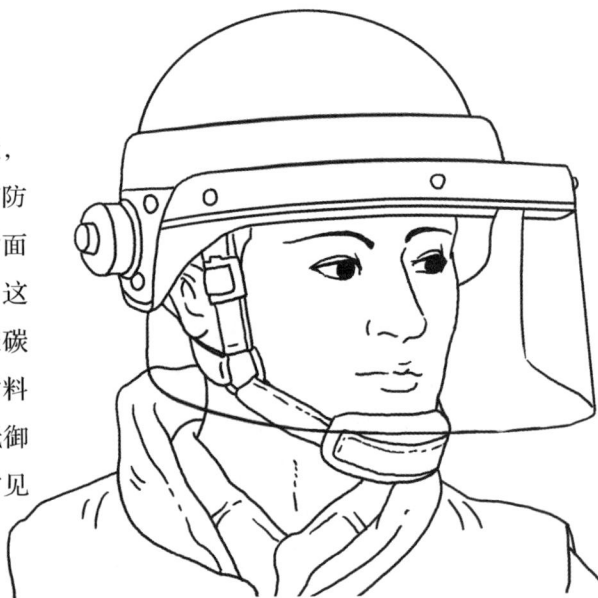

防毒面具

  防毒面具是特警部队必备的装备之一。很多情况下，特警部队都需要使用到催泪弹等对眼口鼻和呼吸道造成剧烈刺激的非致命性弹药。因此，防毒面具必须易于取戴，能尽量降低对呼吸的影响，且护目镜部分不能出现水雾。常见的防毒面具的护目镜通常是两孔式的，这类防毒面具工艺简单，存放体积相对较小，但两眼间的部分对视野有不良影响，会形成视野死角。而新式的全景护目镜防毒面具则具有极好的视野，但价格稍贵，且体积较大不易存放。此外，老式的防毒面具，其毒气过滤罐是在嘴部的正前方，会对抵肩瞄准射击造成障碍，而新式的防毒面具毒气过滤罐位置居于脸颊侧面（左右可以根据使用者的持枪习惯自行调整）。

  特警队员在使用防毒面具时，需要注意防毒面具并非氧气面罩，只能用于过滤有毒空气，在缺氧环境下毫无用处。

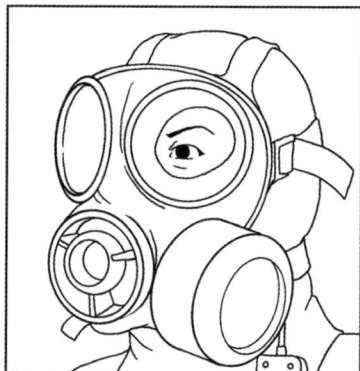

防弹盾牌

  防弹盾牌可以为特警队员和小组提供极好的防护，但比较笨重，通常只在实施正面强攻时使用——此时，突击小组可成纵队排列，隐蔽在防弹盾牌之后。防弹盾牌有多种设计样式，有些特警部队装备有半身防护的单人防弹盾牌，这种盾牌尺寸较小，重量很轻，由特警队员单手握持，通常用在狭小空间作战时使用（特别是在进门的行进中）。

大型的防弹盾牌上，均会设计有观察窗，有的甚至还会加装有照明设备。

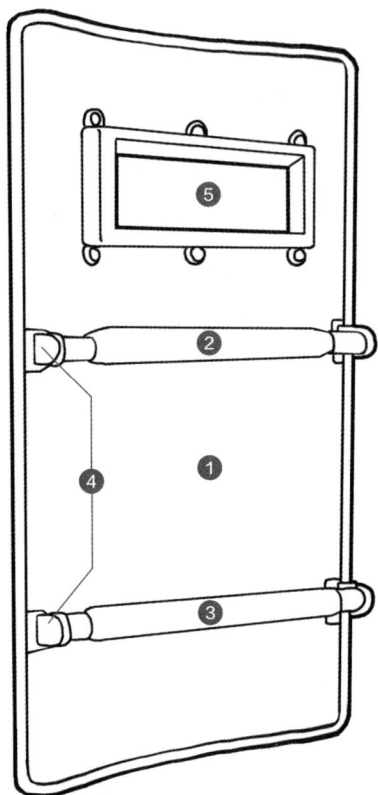

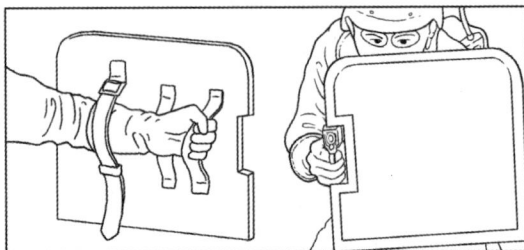

▲ 为了便于在狭小空间中使用，一些以凯夫拉等轻质材料制成的盾牌被设计成了半身结构，可抵御冲锋枪弹、手枪弹、霰弹及手榴弹破片。通常，这些盾牌的右侧都设计有缺口，以利于持有者进行射击。

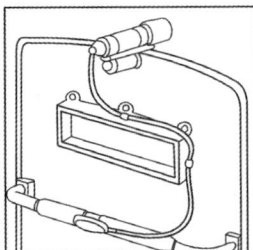

▲ Surefire公司推出的专用战术电筒座可固定在盾牌顶部。

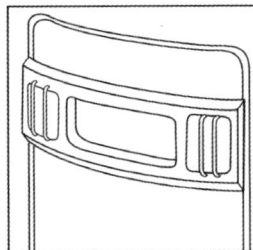

▲ 有些盾牌上本身就装有照明灯具，可提供更好的照明效果，通常电池仓设计在盾牌手柄中。

① 盾牌采用曲面设计，达到三级防弹水平（通常采用轻质合金或聚苯乙烯等防弹材料制成）。由于体积较大，即便采用轻质材料，通常重量仍然会达到10～15公斤。
② 水平设计的握柄，有助于长时间携行，握柄与盾牌的间距不少于7厘米。以保证当盾牌被弹头击中时，发生的形变不至于压迫到手。
③ 盾牌下部设计有限制横杆，以确保身体和盾牌间保持一定距离。
④ 所有附加装置的支撑点都位于盾牌边缘，以免影响盾牌中心部位的防弹能力。
⑤ 盾牌上的监视窗是由多层聚碳酸酯材料制成，与盾牌的曲面一致。

第五章

训练

对于特警队员来说，训练比装备更重要——战斗力的形成、提高与维持都有赖于持续不断的训练（特警部队的训练包括体能、技术、战术、器械和心理等诸多方面）和演习。因为特警部队的任务区域特征明显，所以特警部队的针对性训练场地类型较多——有诸如供近距离战斗（CQB）训练的室内战斗场地、供楼宇垂降和直升机绳降的垂降塔，以及供拯救人质行动训练的模拟机舱和车厢等。

CQB 训练场

在特警部队的作战环境中，建筑物内的近距离战斗所占的比重很大，是特警部队演练的重点部分。CQB 训练场就是专门为建筑物内近距离战斗设计的训练场所，其内部结构和大小没有限制，但会尽可能模拟真实环境，如可供特警队员实施实弹射击。此外，CQB训练场既可以是室内封闭式的，也可以是露天开放式的。

室内封闭式 CQB 训练场的墙体上通常会覆盖一层厚厚的木板，

① 厚木墙。　　　　　④ 录像设备。
② 战术标靶。　　　　⑤ 防弹窗户。
③ 受训队员。　　　　⑥ 教官组。

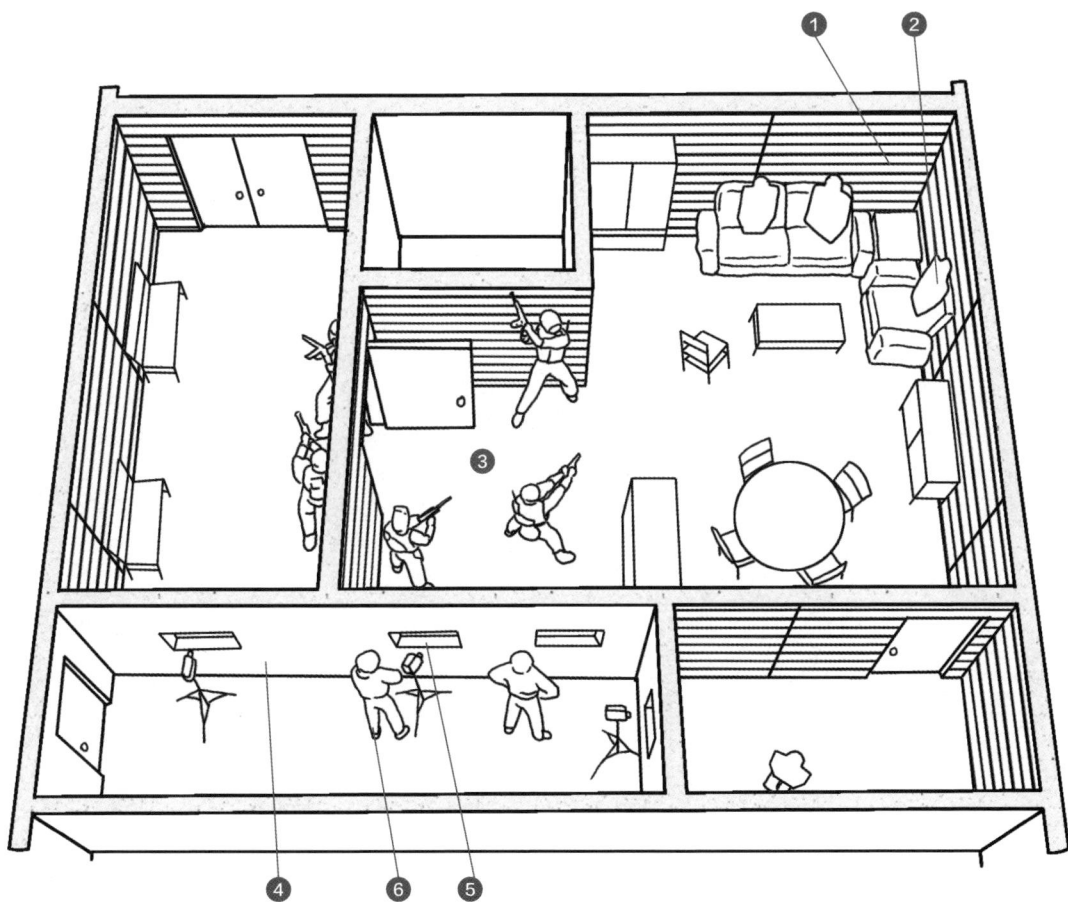

以防止实弹射击时跳弹的出现。此外，这种CQB训练场可以根据需要调整内部的光线，以模拟在各种光照条件下的战斗环境。同时，室内封闭式CQB训练场还需要有良好的换气与灭火功能，以便于在训练结束后迅速排掉室内的各种烟雾和催泪瓦斯，以及扑灭训练引发的火灾。此外，特警部队通常会在室内封闭式CQB训练场的训练房间附近设置一个或多个观察室，并在训练房间内的多个不同方位都装上隐蔽式摄像头，供教官观察和记录队员的训练情况。

而露天开放式CQB训练场则具有成本低廉和规模可随时扩展的优点，因此绝大多数特警部队都有这种训练场所。一般来说，露天开放式CQB训练场的墙壁高度至少要超过2.5米，墙体上需架设可供教官行走的木板，其四周还要架设不低于10米的简易高塔，供教官观察特警队员的训练。

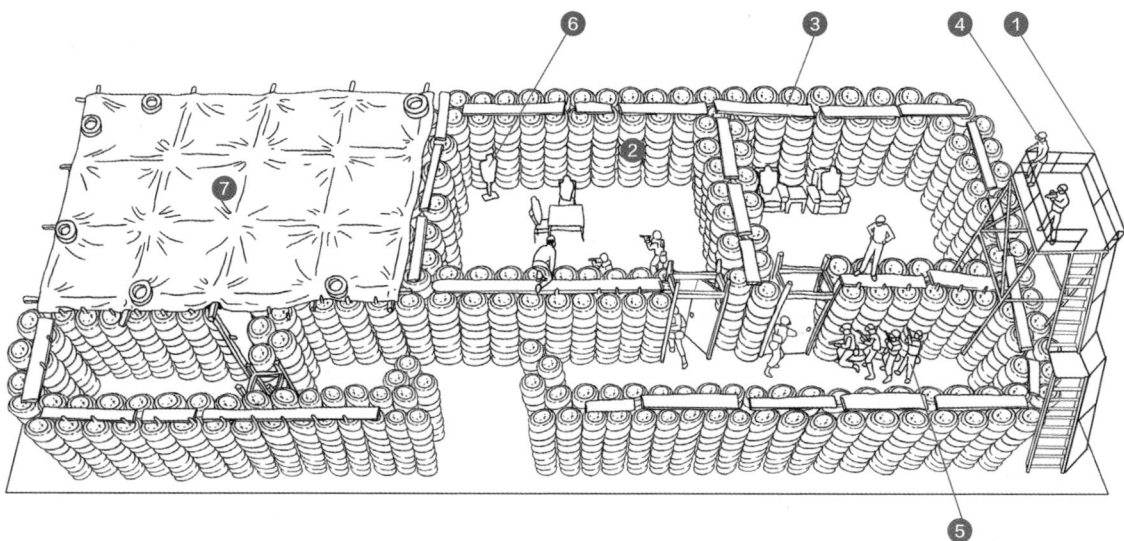

① 控制塔。
② 填充了沙土的双层轮胎墙，确保弹头不会穿透。
③ 轮胎墙步道（铺木板）。
④ 教官组成员。
⑤ 受训队员。
⑥ 战术标靶。
⑦ 顶部覆盖帆布，构建暗环境。

因为要承受实弹射击，所以 CQB 训练场的墙壁要具有一定强度。这种墙壁通常会由填充有沙土的废旧汽车轮胎所构筑——其防弹性能很好，可抵御特警部队所有自动武器的射击。而另一种用木头做双层篱墙，再在其中填充沙土的墙壁也有不错的防弹性能。需要注意的是，如果选择使用混凝土或砖石来构筑墙壁，则需要在内墙上铺设厚木板，防止跳弹造成误伤。

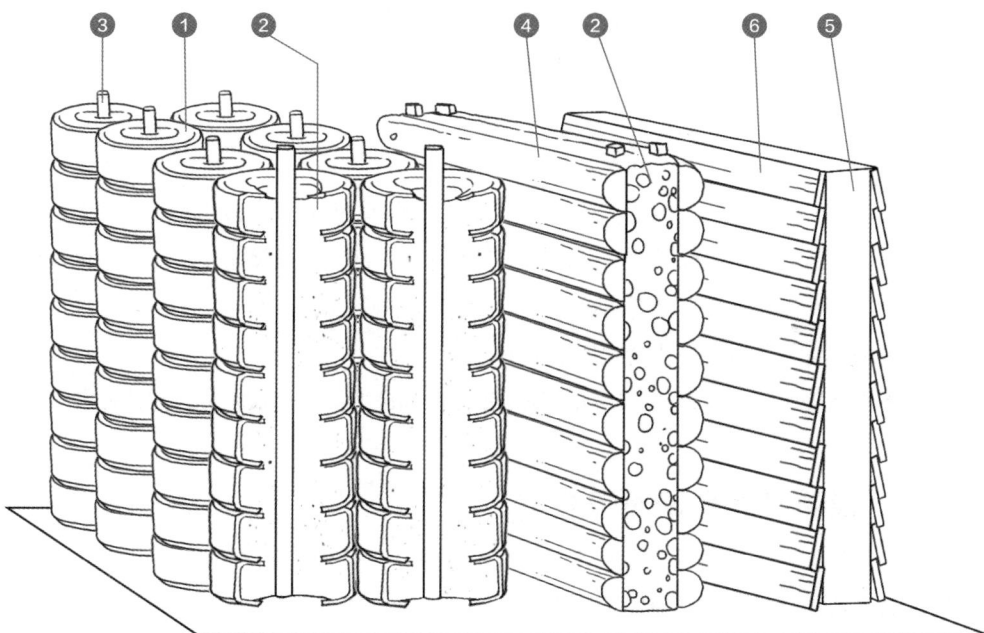

① 废旧轮胎交错排列。　　　　　　⑤ 预制混凝土墙。
② 用沙土（沙石）填充夯实。　　　　⑥ 内外覆盖厚木板。
③ 内柱（木头或钢管）。
④ 夹心厚木墙。

模拟街区

模拟街区训练的主要目的是让特警队员练习：

● 处理露天环境下的突发事件。

● 在进入最后攻击阶段前的运动推进技巧。

● 战术动机和现场外围控制。

● 目标识别和展开行动的计划决断。

● 通信和团队默契合作。

模拟街道通常是用木板组成，以当地常见街区为模拟对象——低地或四面环山的地方是设立这类训练场的理想地点，这不但可以防止流弹造成的不必要伤害，还有利于设立各种高度的观察点。若在开阔地域构筑此类训练场，最好在其外围构筑砖石结构的墙壁，以降低实弹训练时流弹对训练场外人员或设备造成伤害的可能。

CQB 及街区训练场管理

训练场中同一个场景被多次使用后，其带来的训练效果会大打折扣——熟悉的场景会让特警队员们下意识地根据记忆来完成任务，而不是随机应变，这有悖训练的目的。这时，可以进行以下调整：

● 安排特警队员在一些真实环境中进行演练。

● 对训练场地进行改造，诸如重新安排门窗的位置，或重新布置内部陈设。

CQB 及街区训练场使用要求

为了达到最好的训练效果，教官通常会考虑以下一些安排：

● 参加训练的队员必须按实战的要求进行全副武装。

● 在进行非实弹演练时，让未参加演练的队员待在目标房间内，以匪徒的视角感受演练队员的推进，观察其存在的破绽或可取之处，然后参与讲评。

● 在实弹演练时，严格控制弹药的配发数量，考察队员的首发命中能力。

● 将匪徒标靶和人质标靶混合布置，提高队员开枪的难度。

● 设置不同的光照强度，提高队员在不同光线条件下作战的适应能力。

●设置声音干扰，包括呼喊声、哀号声、爆炸声、射击声，甚至是街区中传来的汽车喇叭声等声音，以提高队员的心理耐压能力。

●设置视觉干扰，包括烟雾、烟火、血腥场面和晃动物等，这同样可提高队员的心理耐压能力。

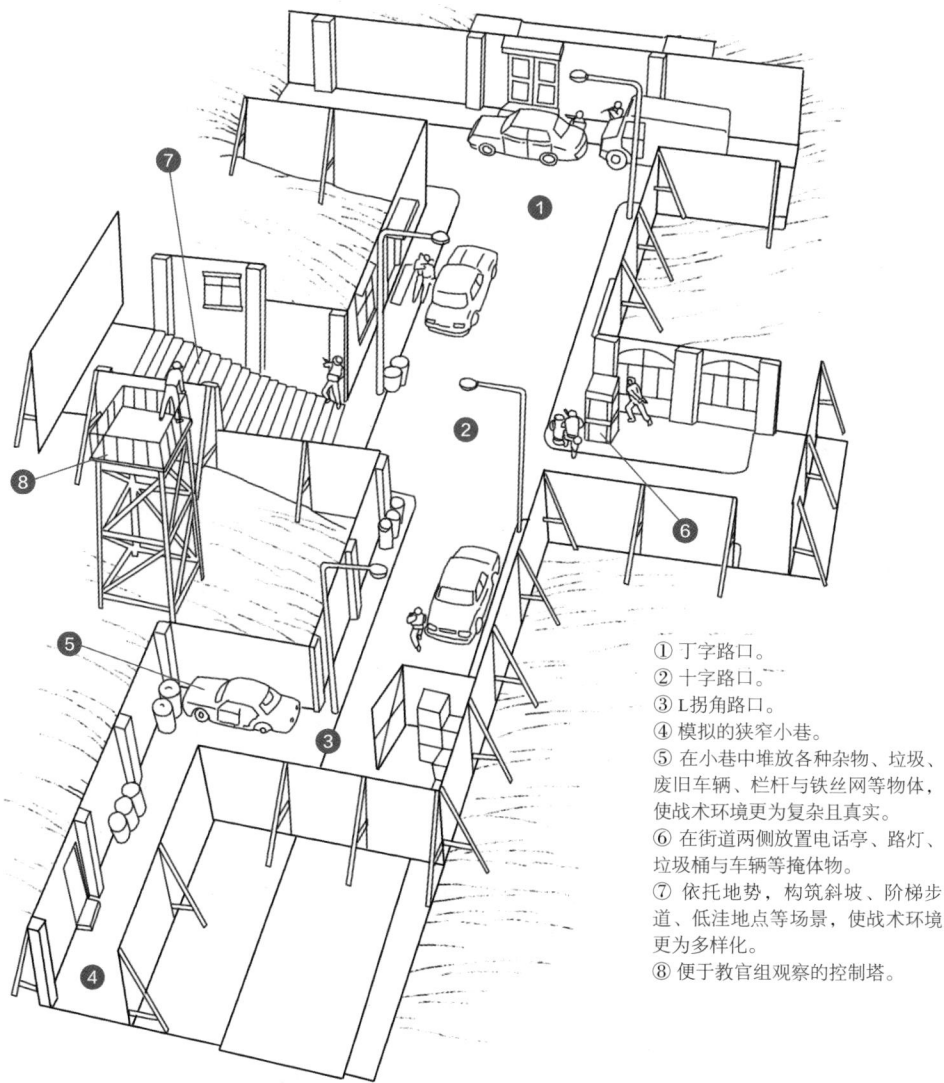

① 丁字路口。
② 十字路口。
③ L拐角路口。
④ 模拟的狭窄小巷。
⑤ 在小巷中堆放各种杂物、垃圾、废旧车辆、栏杆与铁丝网等物体，使战术环境更为复杂且真实。
⑥ 在街道两侧放置电话亭、路灯、垃圾桶与车辆等掩体物。
⑦ 依托地势，构筑斜坡、阶梯步道、低洼地点等场景，使战术环境更为多样化。
⑧ 便于教官组观察的控制塔。

模拟客舱

随着交通工具的大量普及，越来越多的恐怖分子将目光投向了客机、火车、公共汽车这类公共交通工具（这类交通工具因其结构特点，有利于恐怖分子对大量人质进行控制和转移）。对于特警队员来说，客舱解救战斗是最为重要的任务形态之一，也是最为艰巨的任务，其难度主要表现在以下几点：

●交通工具的出入口数量有限，尺寸有限，这限制了特警队员的进入方式。

●客舱内通道狭窄，还是开放式的，这使得特警队员的火力无法展开，也无法达成突入的突然性。

●人质大量聚集，容易伤及无辜，限制了特警队员的火力和战斗方式。

●交通工具的可移动性，使特警队员不得不随时准备跟随转移，进而让之前的突击准备工作前功尽弃。

正因为以上这些原因，所以几乎全部的特警部队与反恐部队都有客舱解救战斗训练场地，甚至有的特警部队还会将真飞机作为训练设施。

一、客舱模拟靶场

这是学习客舱解救的最初级训练场，主要进行初级队员的客舱内射击训练。

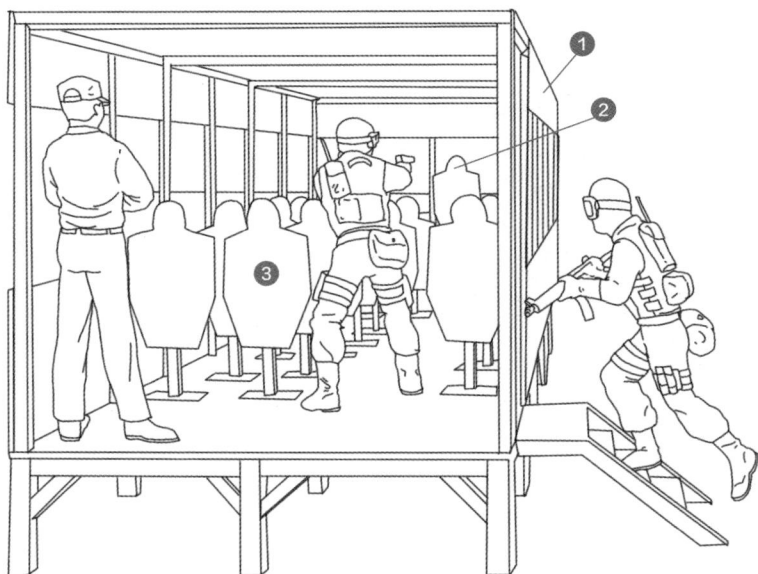

▶ 公共汽车模拟靶场

① 模拟靶场用木制材料搭建而成，易于维修与改造。
② 匪徒标靶。
③ 人质标靶。

通常，客舱解救训练是在类似车厢的狭长房间里进行的，其中有以不同方式排列的多种标靶，以训练队员掌握近距离速射技能。

二、公共汽车模拟靶场

通常会在真正的公共汽车中进行隐秘接近与多方位突然攻击训练，其火力攻击主要在车外完成。在这之后，特警队员会迅速进入。

▲ 火车客舱解救训练

三、火车客舱模拟靶场

火车客舱模拟靶场与公共汽车模拟靶场很相似，只是尺寸更大、窗口更高、车体更为坚固以及内部空间更大。

四、飞机客舱模拟靶场

飞机客舱解救战斗是所有客舱解救战斗中最为重要的科目——在交通工具劫

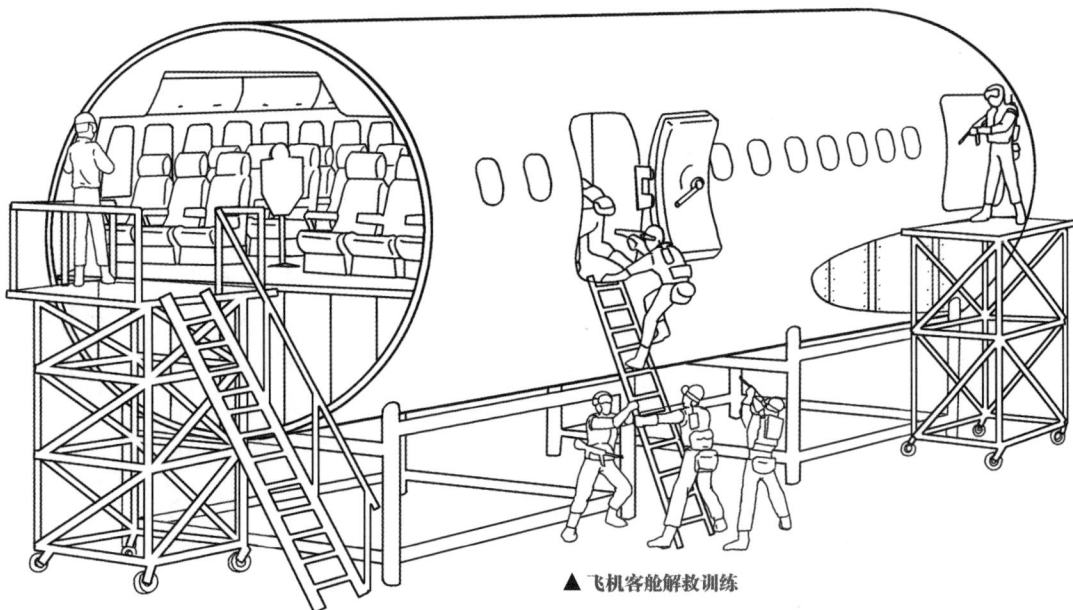

▲ 飞机客舱解救训练

持案例中，以飞机作为劫持对象的比例最大。因此，很多反恐执法部门都在用真飞机作为训练场地（模拟靶场）。

垂降训练

特警部队的作战场景，多为建筑物密集区域。在这些区域中，通过直升机实施垂直绳降是可以最快到达事发地点并进入建筑物的方法。同时，实战表明，在清理建筑物的战斗中，从上往下清理更容易且更有效。此外，在建筑物的外立面上，垂降也是一种快速突入低层的有效手段。因此，所有的特警队员都会被要求熟练掌握垂降的技术技巧。

▶ 图为直升机悬停绳降塔。在现在的特警作战中，直升机悬停绳降是最快的任务区进入方式。虽然机降方式更为稳妥，但很多时候受限于林木与建筑物上部障碍物等，没有条件实施机降作业，只能进行直升机悬停绳降。因此，直升机悬停绳降塔是特警队员进行绳降基础训练的必备设施。

特警部队的垂降通常包含两个部分，一个是直升机悬停绳降，另一个是建筑物垂降。这两个方式的垂降，其技术技巧有大不同。直升机绳降高度大约是 5 ~ 20 米，绳降期间人的身体和绳子没有支撑，加之直升机并不能完全静止不动，因此队员要克服身体在空中摆动的问题。而在建筑物外立面进行垂降时，虽然有墙面作为支撑，但特警队员在完成这类垂降后，通常紧接着就会有突击进入下面楼层的战术动作或近距离观察与接触罪犯的行动。因此，特警队员需要在垂降的过程中保持高度警惕，随时准备应对突发事件。对于特警部队来说，针对这两种垂降的训练设施必不可少。

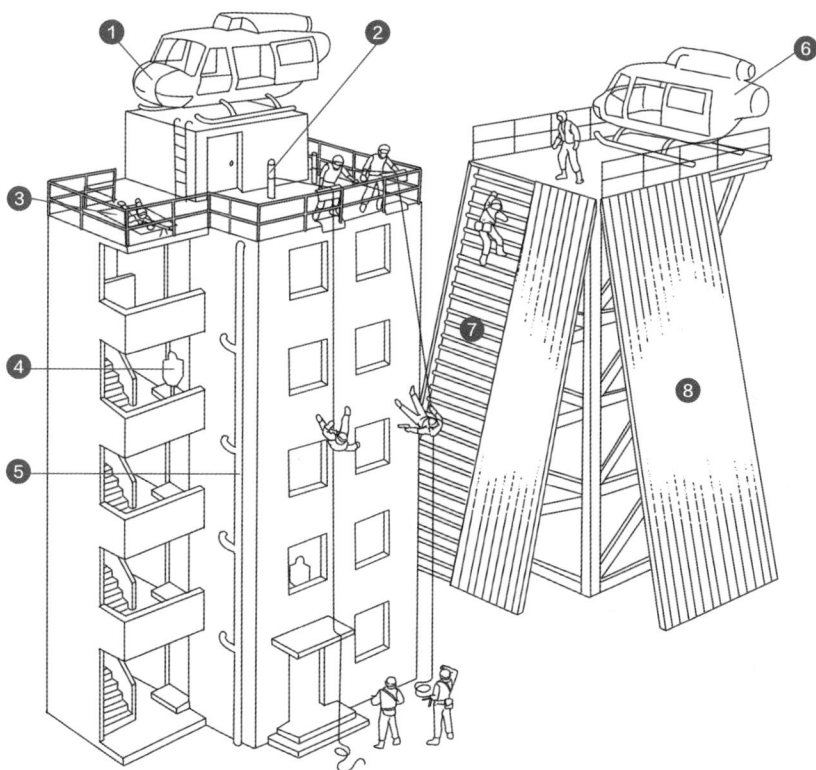

① 顶部的模拟直升机用于直升机机降训练。
② 垂降绳索的固定位置。
③ 可供特警队神枪手进行射击训练的平台。
④ 搁置在不同楼层的射击标靶，用于特警队员的射击训练。

⑤ 如外置水管与排污管等各种常见于民用建筑物上的设施。
⑥ 直升机绳降设施。
⑦ 攀登训练。
⑧ 模拟水坝与崖壁的大斜面。

战术标靶

对于任何一支武装力量来说，射击都是重要的训练内容。与普通执法机构不同，特警部队在射击上的要求更高，训练的内容也更具挑战性。

在特警部队的射击训练中，标靶是最重要的训练辅助工具。传统的固定式标靶，远远不能满足特警部队训练的需要。针对特警部队的任务特殊性，近几十年来，出现了许多更有针对性的标靶系统。

特警部队的标靶的形状，通常都是以真人比例制作，并且伴有不同的姿态。胸部靶心直径约15～25厘米，头部靶心直径约10～13厘米。需要注意的是，特警部队的射击训练，通常会综合考虑射击精度和击发速度，过高的射击精度并非是突击小组队员的追求。很多时候，迅速的击发，并将弹着点控制在有效范围之内，比精益求精地追求弹着点的精度更为有效。

特警部队的多数手枪与冲锋枪射击训练都是在5～35米的距离上进行的，而特警部队神枪手的训练则多集中在100～150米这个范围内（特警神枪手的作战距离远远小于军队狙击手，但在射击精度和首发命中率上却有着更高的要求）。

与普通执法不同，特警部队的出动就说明情况已经极为危险，已经是不得已的

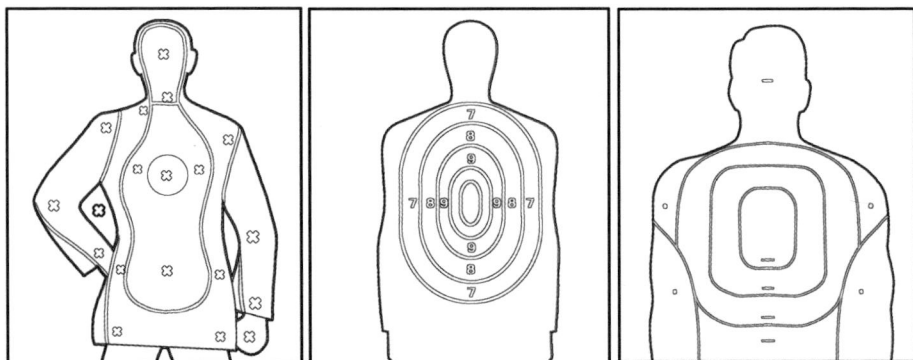

▲ 这种警用剪影标靶，通常有22.5英寸×35英寸和35英寸×45英寸两种尺寸，适合任何距离的射击训练。

▲ 这种警用剪影标靶，通常有14.5英寸×21.5英寸、19英寸×27英寸、35英寸×45英寸三种，分别适用于15米、25米、50米射击训练。

▲ 这种警用剪影标靶，通常为18英寸×27英寸，适用于25米射击训练。

最后手段。因此，特警部队的开枪自主性更高，并且是以犯罪分子完全失去活动能力为目标。面对犯罪嫌疑人，特警队员不会警示射击，多数时候是朝心脏和头部等要害部位开枪——犯罪嫌疑人中弹后死亡，特警队员也不会有任何法律责任。

▲ 这是最常见的战术标靶，可以在人形标靶上标注射击点和环数，以用作竞技。常见尺寸有21.5英寸×35英寸和27×38英寸两种。

▲ 匪徒与人质混合标靶，提高了射击难度，常用于警队战术训练。其常见尺寸为19英寸×25英寸。

一、可替换式标靶

可替换式标靶是一种特警部队训练用的高级标靶。传统标靶通常是一个整体，图样一旦确定，标靶也就固定了。而在可替换式标靶上，靶位中的某些部分可根据需要进行替换，从而改变标靶上人物的特征或人物的善恶属性（如绑匪与人质）。

这类标靶可以训练特警队员在面对人群时，迅速识别具有某类特征或携带某类武器的犯罪分子，并瞄准射击。

◀ 可替换式标靶，这种标靶的某些部位可以进行替换，以改变目标的状态和特性。常见尺寸为25英寸×38英寸。

二、立体标靶

立体标靶也是一种高级标靶，它类似服装商店中使用的塑料模特——更真实，且能满足受训人员从不同角度进行瞄准射击的要求。不过，由于这种标靶的使用成本很高，因此通常只会在一些特种作战机构的训练中使用。

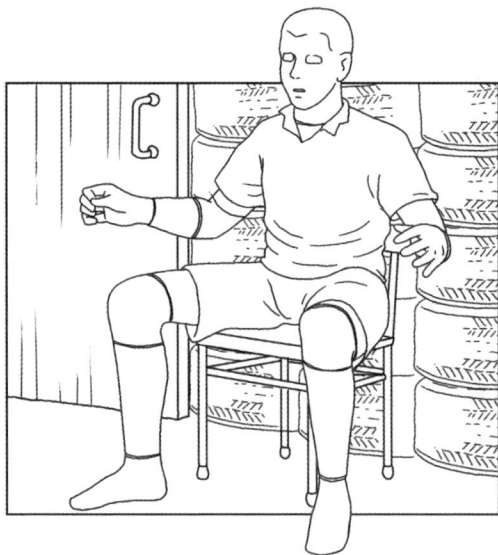

三、标靶材质

纸板、木料与钢材是三种最常见的标靶材料，使用这三种材料制作的标靶有着各自不同的特性。

纸质标靶通常用于室内的手枪射击训练，它不仅不会产生跳弹，还可以留下清晰的弹着点且更换简单。

木质标靶的用途极为广泛（通常会配合靶纸使用），在室内与室外的各种距离的射击训练中均可使用。这种标靶同样不会产生跳弹，也能留下较为清晰的弹着点。但这种标靶需要在使用后进行修复，比如在中远距离上使用时，更换靶纸算是一件比较麻烦的事情。

钢质标靶是在中远距离射击训练中最常用的一种标靶，这种标靶可以大大提高射击训练的效率。钢质标靶无须频繁更换，即便是出现形变，用榔头简单敲打便可修复。此外，由于钢质标靶在受到弹头撞击时会发出清脆的声音，所以无须人员报靶就可"告知"射手射击结果。但钢质标靶也有一些缺陷。其一，留不下弹着点，因此不适合在射击要求很高的训练（如神射手训练，需要对每个弹着点进行分析）中使用。其二，弹头会在撞击标靶后碎裂，并被反弹（特别是当标靶表面凹凸不平时）。因此即便是受训队员穿着全套护具，也不允许在10米距离内面向钢质标靶进行射击。也就是说，钢质标靶更适合于用在中远距离的射击训练中。其三，过于厚重。用于普通手枪与冲锋枪射击训练的钢质标靶厚度大约为 8 ~ 9 毫米，而用于突击步枪射击训练的钢质标靶厚度则为 30 ~ 50 毫米——因此钢质标靶普遍较重。

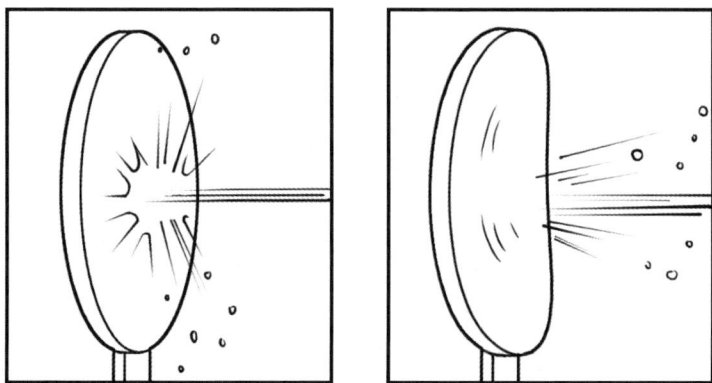

四、活动标靶

实战中，罪犯通常是不会束手就擒的，因此活动标靶射击训练是特警部队的必修的科目。活动标靶的形式很多，但其核心意图是一样的，即通过创造出更多的不确定因素来训练特警队员在紧急情况下的射击反应和射击技术。常见的活动标靶有不倒翁标靶、悬吊式标靶和站立（下落）标靶。

不倒翁标靶是一种结构极为简单的活动标靶，其下端连接一重物，通过无规律的左右摆动来给射手制造麻烦。这模拟了近距离作战时，罪犯逃避躲闪的情况。

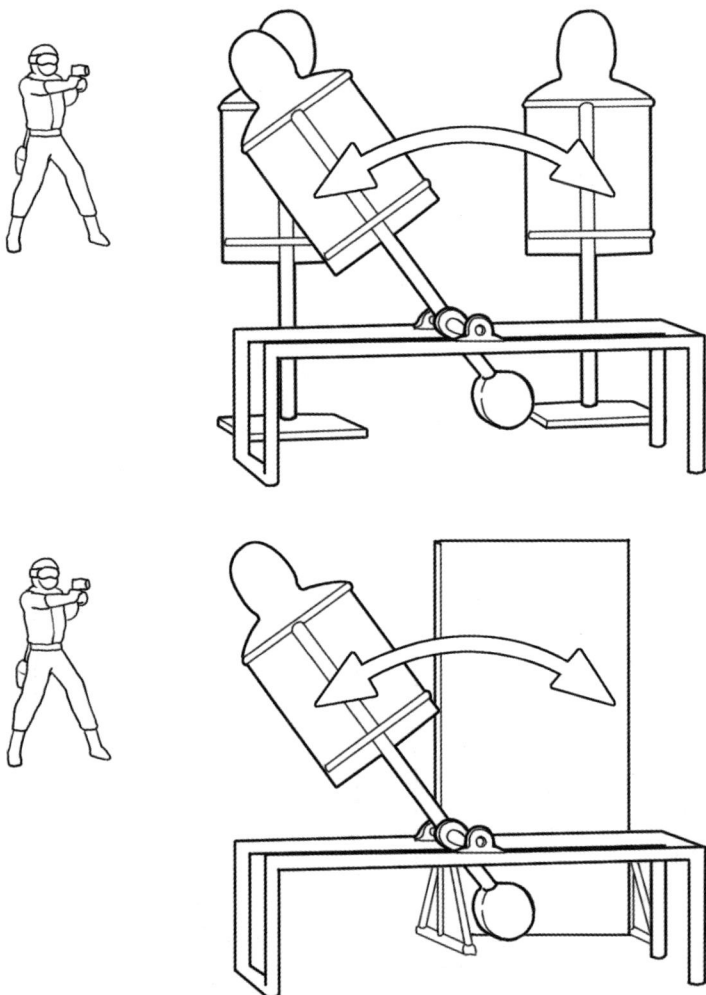

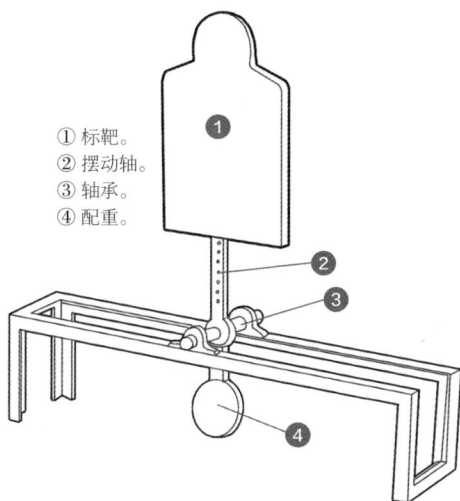

① 标靶。
② 摆动轴。
③ 轴承。
④ 配重。

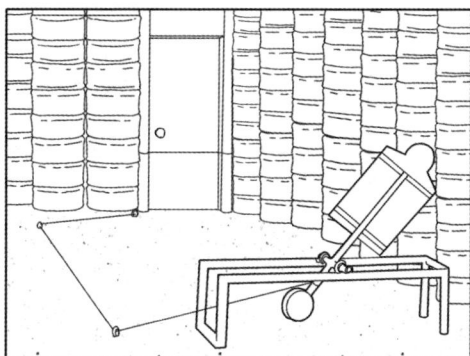

▲ 可将活动标靶与训练场景中的物品结合起来，比如用门窗开启的方式来激活。

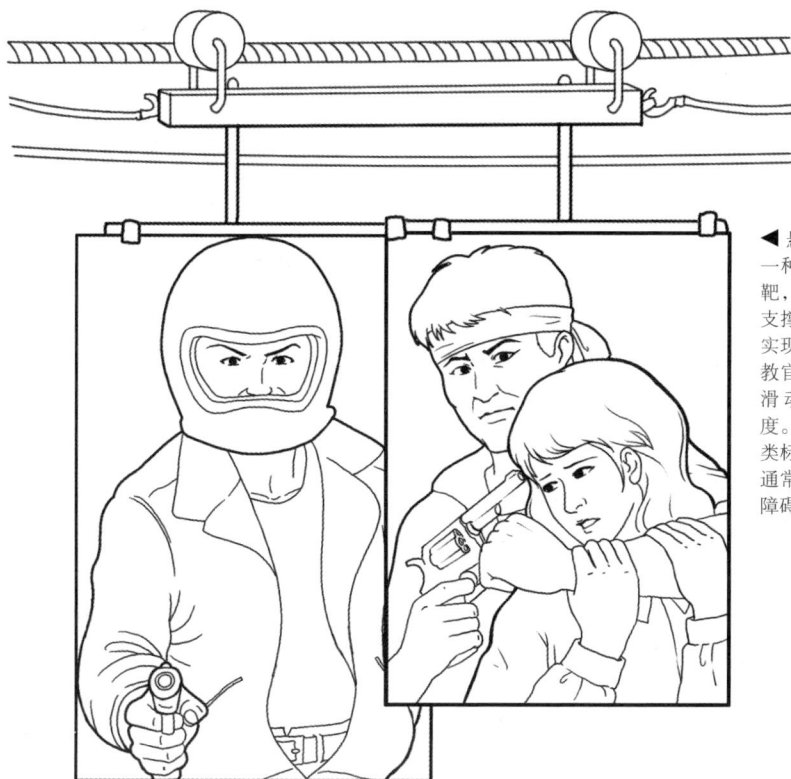

◀ 悬吊式标靶也是一种简单的活动标靶，其通过由立柱支撑的滑动轨道来实现靶位的活动，教官可以控制标靶滑动的方向和速度。此外，悬挂这类标靶的场地中还通常会布置大量的障碍物。

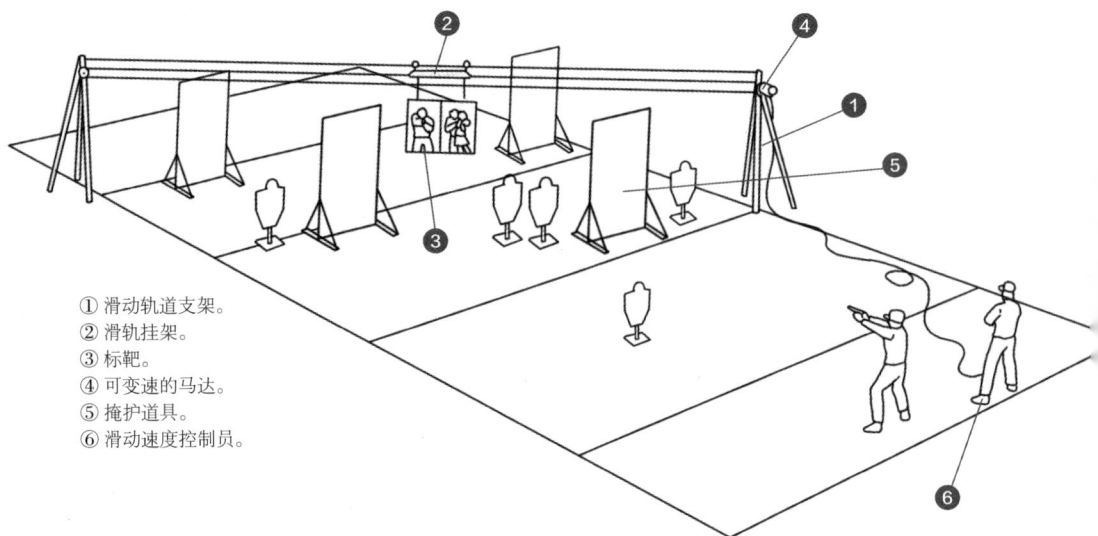

① 滑动轨道支架。
② 滑轨挂架。
③ 标靶。
④ 可变速的马达。
⑤ 掩护道具。
⑥ 滑动速度控制员。

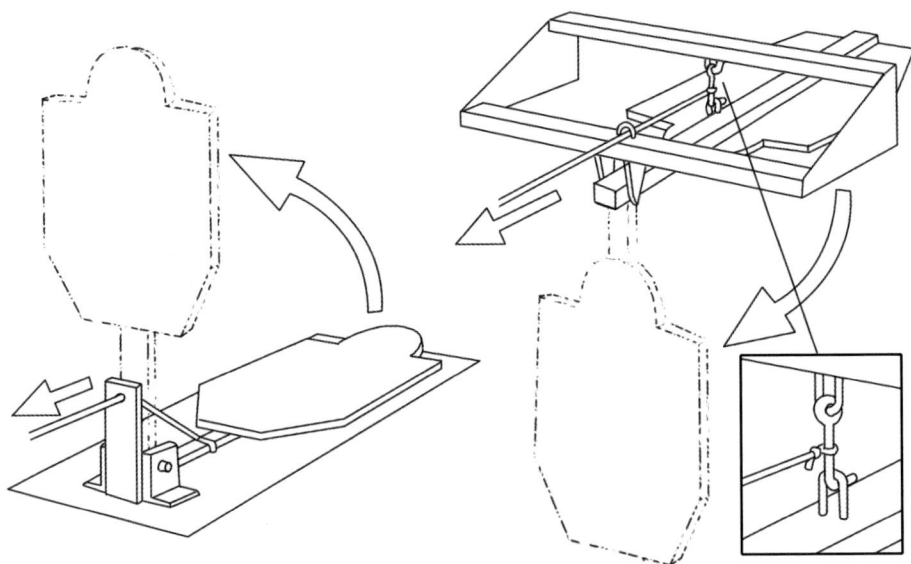

▲ 站立（下落）标靶可以实现突然出现和突然消失的活动效果，隐蔽性强。多个这类标靶配合使用，可以取得很好的训练效果——这类标靶对特警队员的反应能力提出了很高的要求。

五、响应标靶

　　响应标靶在被命中后会发生不可逆的变化或者动作。响应标靶能让队员在训练时可立刻知道射击效果，从而连贯地进入下一个阶段的战术演练。例如在小队突击演练时使用响应标靶，就不会出现不同队员向同一个目标进行反复射击的问题。常见的响应标靶有瓷碟响应标靶、连续射击标靶、倒伏式标靶与气球标靶。

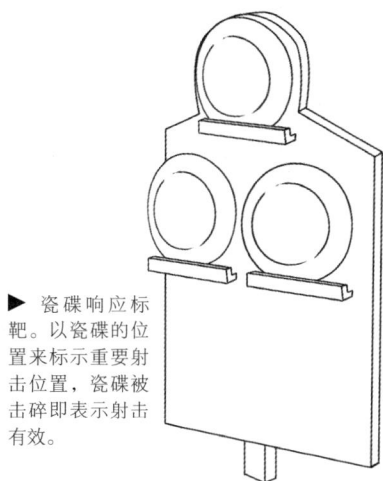

◀ 连续射击标靶。主要训练队员在连续射击中的稳定性。在靶位的射击处有一个活动的金属门，门后面是一个瓷碟。第一枪可将活动金属门向上抛起，然后在金属门落下之前，紧随其后的第二枪要将瓷碟击碎。由于有活动金属门的影响，特警队员必须连续稳定击发才可完成射击任务。

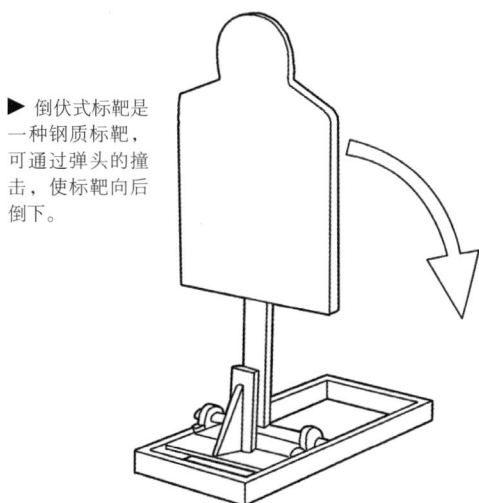

▶ 瓷碟响应标靶。以瓷碟的位置来标示重要射击位置，瓷碟被击碎即表示射击有效。

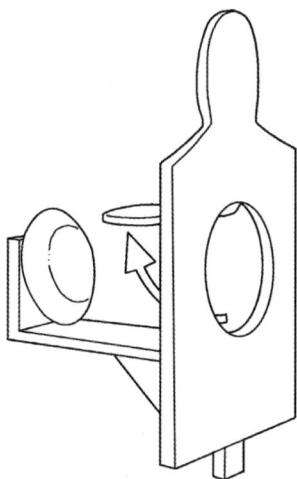

▶ 倒伏式标靶是一种钢质标靶，可通过弹头的撞击，使标靶向后倒下。

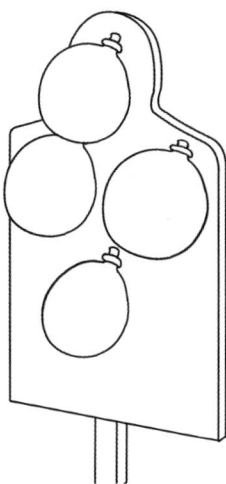

◀ 气球标靶与瓷碟响应标靶类似，但由于气球很轻，会受到风的影响，也会在一定程度上增加特警队员的射击难度。

六、射击模拟器

　　为了更贴近实战效果，特警部队在训练中经常会用到射击模拟器——通过发射空包弹来模拟和真实射击相同的声音及烟火。在训练时，教官可使用遥控装置击发射击模拟器，以此来营造真实氛围并观察特警队员在遭遇"匪徒"顽抗时的反应。

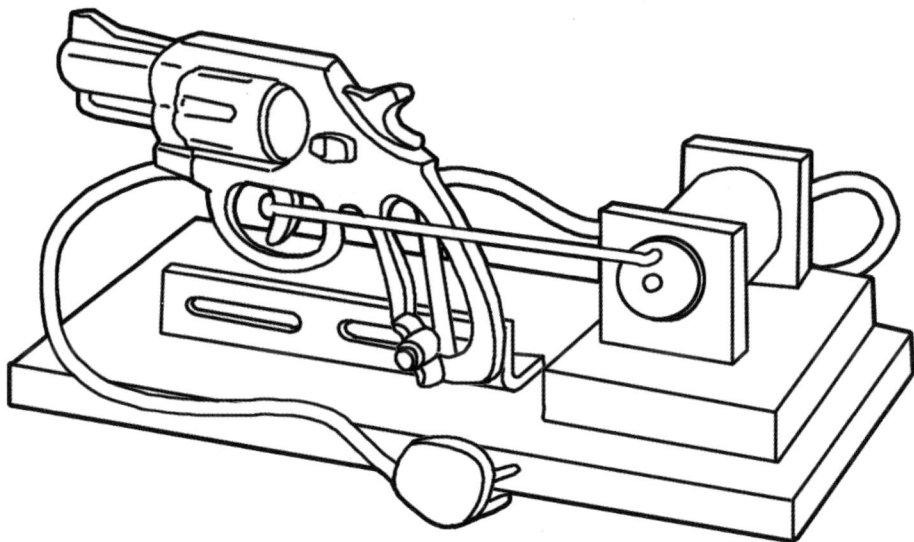

体能训练中的热身运动

　　体能训练是特警队员必须接受的重要训练内容之一。特警队员的技战术水平与任务状态都是建立在良好的体能基础上的，没有体能的支撑，特警队员受到的其他专业训练都是没有太大意义的。

　　特警部队常见的体能训练项目有耐力训练、爆发力训练、力量训练、抗击打训练和柔韧性训练等，这些训练可以通过跑步、负重锻炼与搏击等方式达成。限于篇幅，本书仅为大家讲解一下特警队员在进行体能训练前的热身运动。

　　特警队员在进行剧烈运动之前，必须进行一定的热身运动，这样可以避免不必要的运动损伤（特别是肌肉拉伤、韧带拉伤和关节扭伤等）。以下是几种比较有效的热身运动，特警队员通常会按如下顺序进行热身。

一、慢跑

慢跑前先适当活动一下脚踝，然后再慢跑400米——以活动肌肉和关节为主，为后期的热身运动做准备。

二、舒展运动

- 双腿分开，跨立，双手交叉在胸前。
- 上身向前倾斜，直至成水平状。
- 上身向左右两侧大幅扭动，并适当保持姿态。
- 双腿不得弯曲，脚掌不得离地或移动。
- 重复以上动作不少于10次。

三、前踢腿

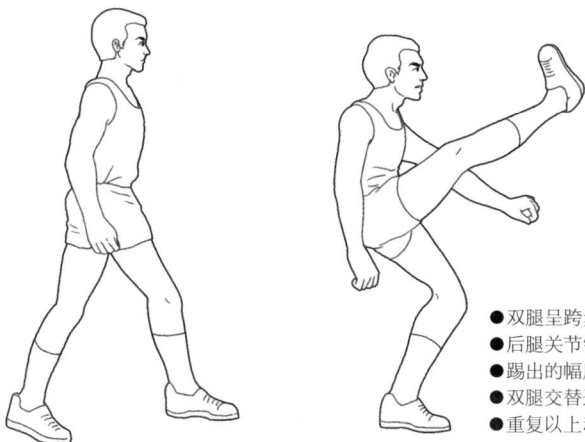

- 双腿呈跨步姿势。
- 后腿关节锁紧，向前踢出。
- 踢出的幅度应由小到大。
- 双腿交替进行。
- 重复以上动作不少于10次。

四、侧踢腿

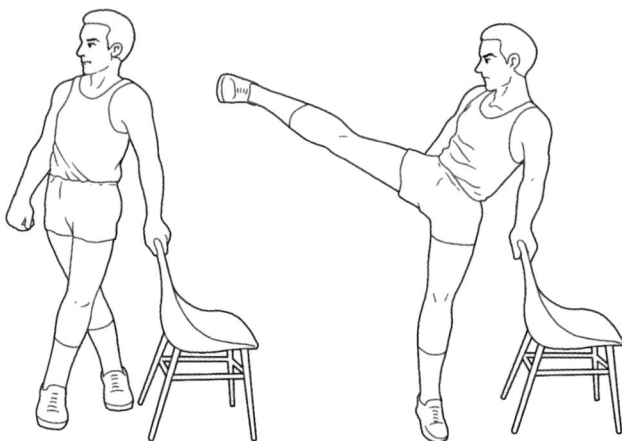

● 侧身站于支撑物旁边，用一只手抓住支撑物。
● 双腿交叉站立，靠近支撑物一侧的腿，关节锁紧。
● 将靠近支撑物一侧的腿向侧面踢出。
● 踢腿幅度应由小到大。
● 双腿交替进行。
● 重复以上动作不少于10次。

五、俯卧撑

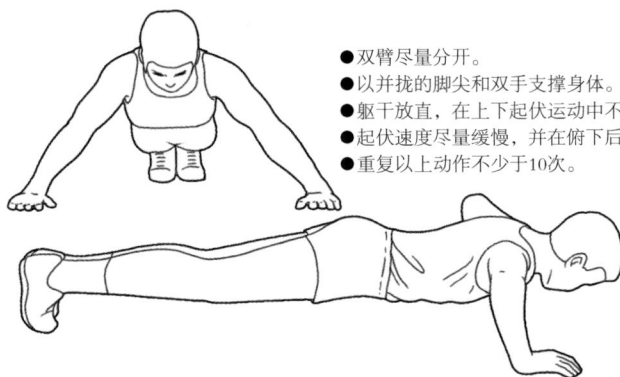

● 双臂尽量分开。
● 以并拢的脚尖和双手支撑身体。
● 躯干放直，在上下起伏运动中不得弯曲。
● 起伏速度尽量缓慢，并在俯下后稍作停留。
● 重复以上动作不少于10次。

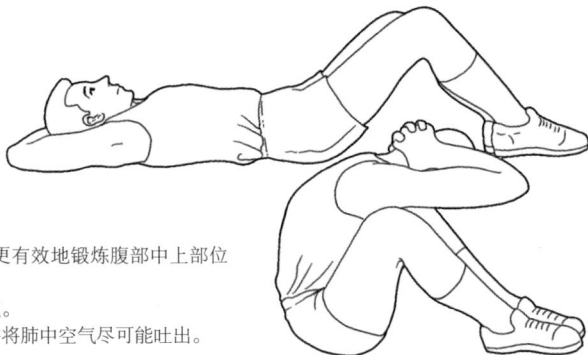

六、仰卧起坐

● 做仰卧起坐时双腿弯曲，可更有效地锻炼腹部中上部位的肌肉。
● 双臂抱着头部，手指相互紧锁。
● 当上身立起时，收缩腹肌，并将肺中空气尽可能吐出。

七、三角肌按压

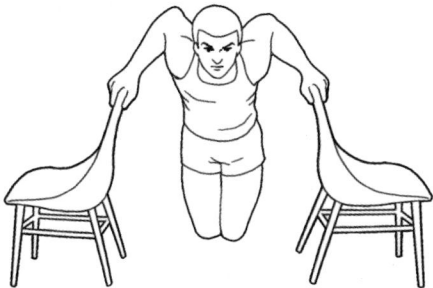

- 以两侧辅助物为支撑，用双手撑起身体。
- 然后弯曲双臂，放低身体至最低点。
- 再展开双臂，将身体支撑起来。

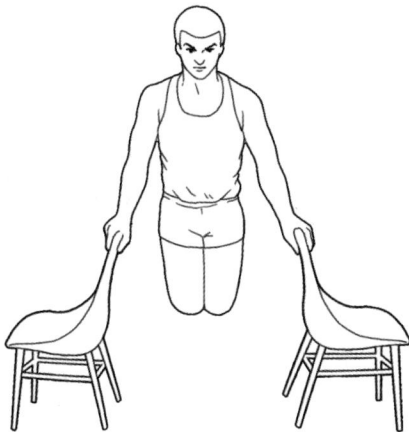

- 重复以上动作不少于5次。
- 这种训练可以达到活动臂部肌肉的效果。

跌倒翻滚训练

　　特警队员在执行任务的过程中常常会遇到翻滚或跌撞等身体剧烈运动的情况。因此掌握必要的跌倒翻滚保护技能，可以有效降低意外受伤的概率。

　　新队员在练习跌倒翻滚时，最好能够在软垫或草地上进行。并且，新队员应首先掌握跌倒翻滚时的呼吸技巧——当身体倒下时，应屏住呼吸，并于触地的一瞬间做呼气运动（这样可以避免在剧烈冲击下出现暂时窒息的情况）。但由于并非每一个人最初都有如此好的控制力，因此新队员可以在触地之前吼叫，通过腹肌的收紧，将肺部的空气"压"出来——这种方式还可以增加肾上腺素的分泌，从而引起机体兴奋，降低对疼痛的敏感度。

　　以下为特警部队常见的跌倒翻滚训练科目，文中顺序即为训练的顺序，每一步都是以上一步为基础的。

一、跪姿向前扑倒

跪姿向前扑倒是跌倒训练中最基础的科目。

① 弯曲腰部，上半身与前臂向前倾斜。
② 手掌完全张开，从指间到肘部的前臂同时触地。
③ 手掌与前臂呈90°角。
④ 面部侧向左右任意一侧，避免沙土飞入眼中。

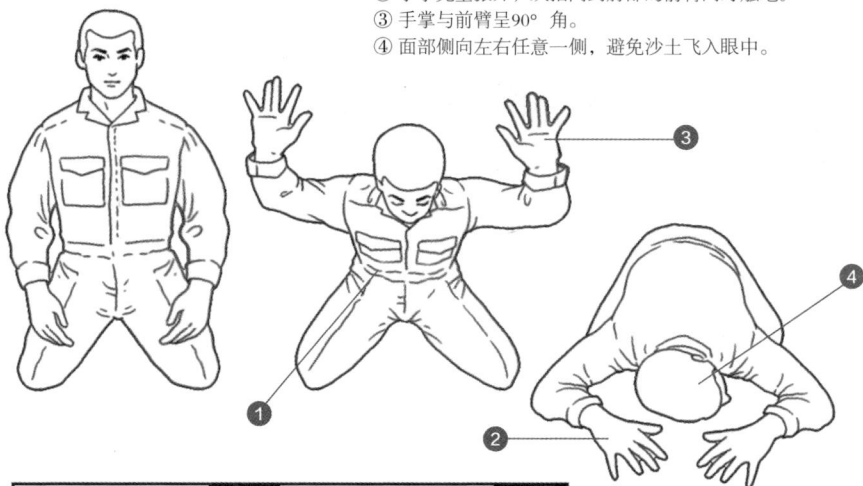

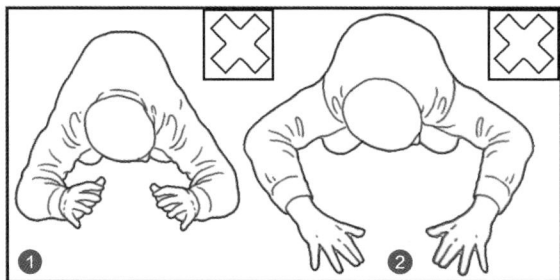

① 肘部先触地，容易弄伤关节处。
② 手掌先触地，容易伤及前臂骨。

▲ 从侧面看跪姿向前扑倒姿势。

二、立姿向前扑倒

① 双腿分开，腰部向前弯曲。
② 上半身及双臂向前扑倒。
③ 手掌完全张开，与前臂同时触地。

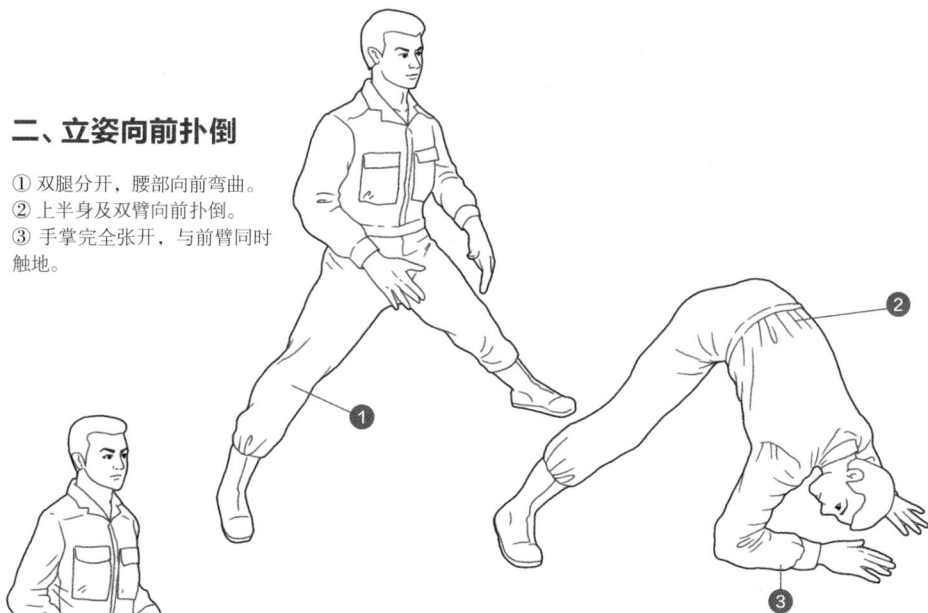

三、飞身扑倒

◀ 双腿分开，与肩部同宽。

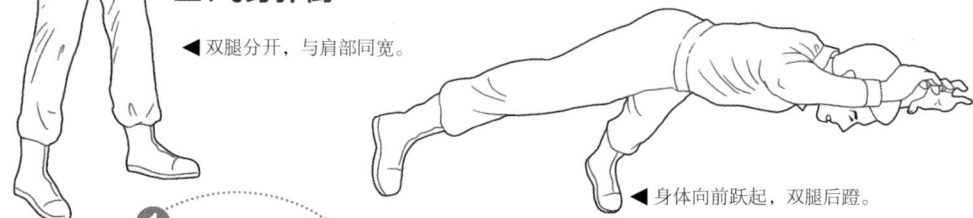

◀ 身体向前跃起，双腿后蹬。

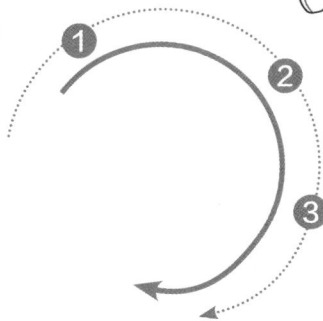

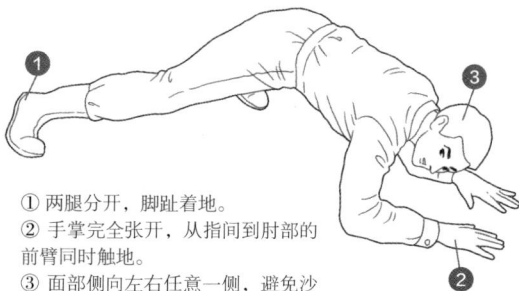

① 两腿分开，脚趾着地。
② 手掌完全张开，从指间到肘部的前臂同时触地。
③ 面部侧向左右任意一侧，避免沙土飞入眼中。

四、卧姿挺身

卧姿挺身是学习卧
姿跃起后仰前必须掌握
的基础技能。

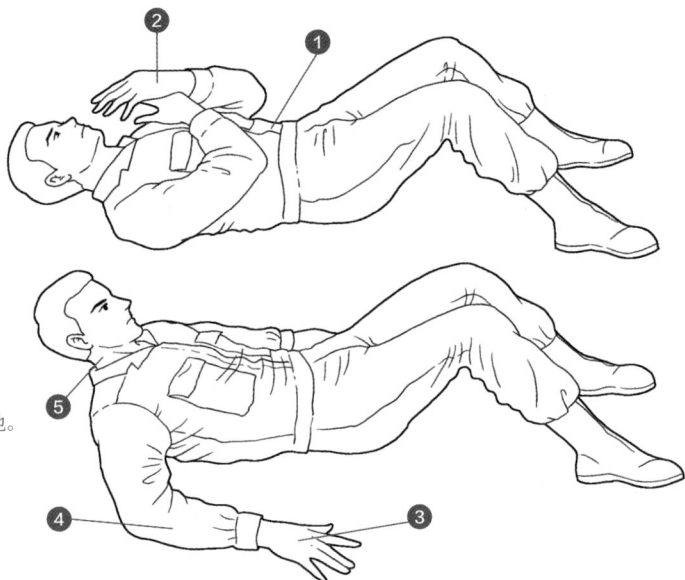

① 身体仰卧。
② 双臂在胸前交叉，手掌张开。
③ 双手迅速拍击地面。
④ 手掌完全张开，与前臂同时触地。
⑤ 拍击力度要足以使得颈部上仰。

五、蹲姿后仰

向后倒需要克服心理障碍，这也是特警队员必
须掌握的。

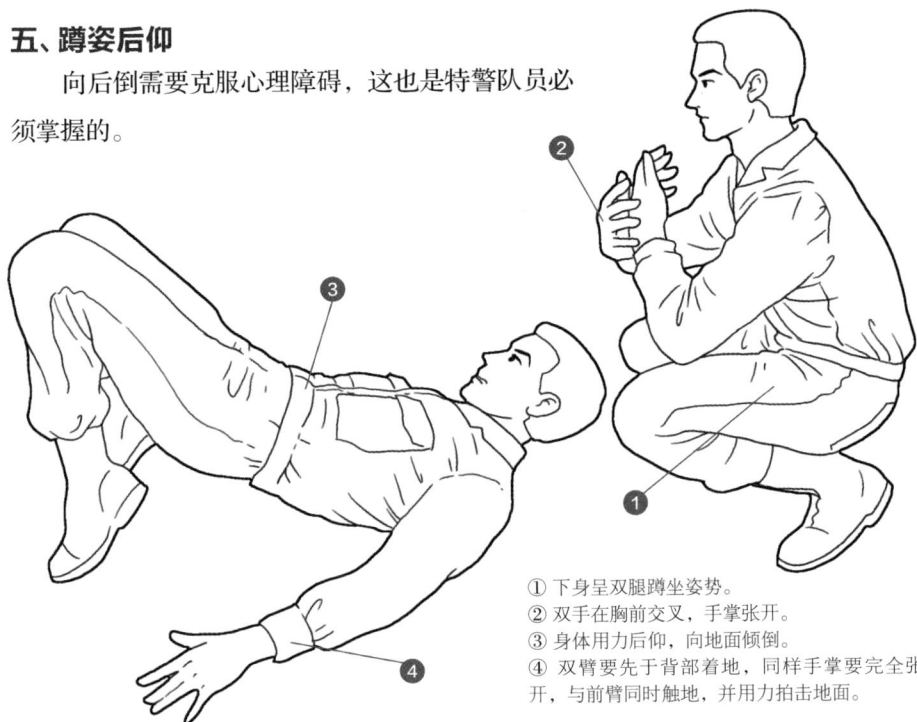

① 下身呈双腿蹲坐姿势。
② 双手在胸前交叉，手掌张开。
③ 身体用力后仰，向地面倾倒。
④ 双臂要先于背部着地，同样手掌要完全张
　开，与前臂同时触地，并用力拍击地面。

六、蹲姿跃起后仰

只有完全掌握了前两步，才能进行蹲姿跃起后仰的练习——这需要手臂与身体动作的高度协调和默契感。

◀双手在胸前交叉，手掌完全张开。背部拱起，随后身体跃起。

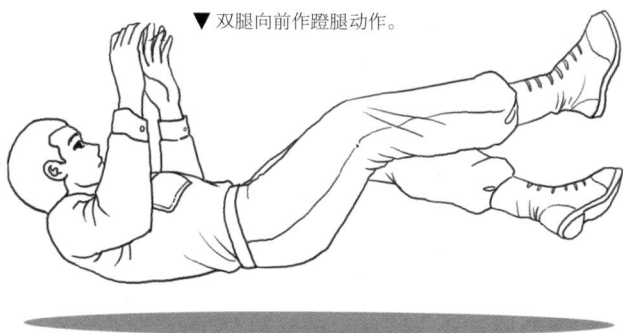

▼双腿向前作蹬腿动作。

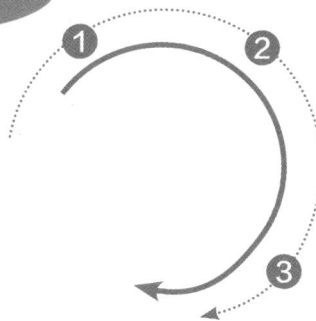

▼ 双臂要先于背部着地，同时手掌要完全张开，与前臂一起触地，并用力拍击地面，以减弱背部着地时受到的冲击力。

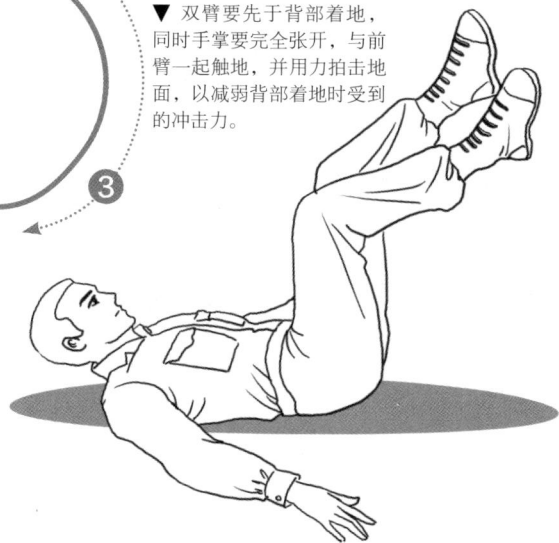

七、侧身倒地

　　侧身倒地是很有实战意义的战术动作——在与犯罪分子肉搏时，特警队员可用来做在摔倒过程中的自卫防护，并减小受伤的可能。在练习过程中，应该逐渐加大摔倒的力度，直至受训队员找到该战术动作的感觉。

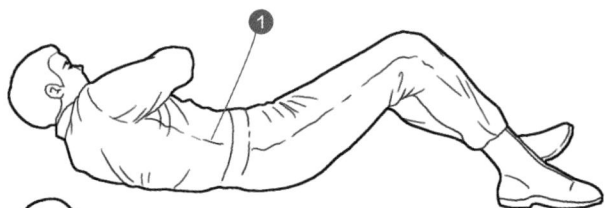

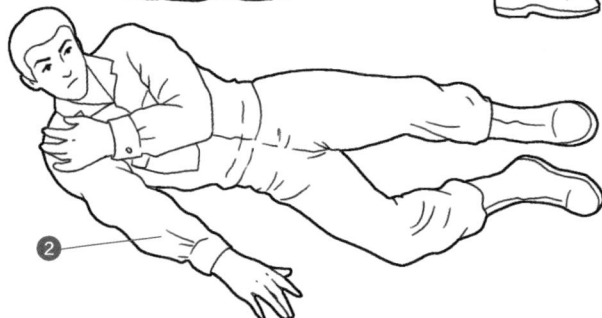

① 仰卧在地面上，然后向一侧滚动。
② 一侧的前臂要先于背部侧面着地，同时手掌要完全张开与前臂同时触地，并用力拍击地面，以使向一侧的滚动停止。

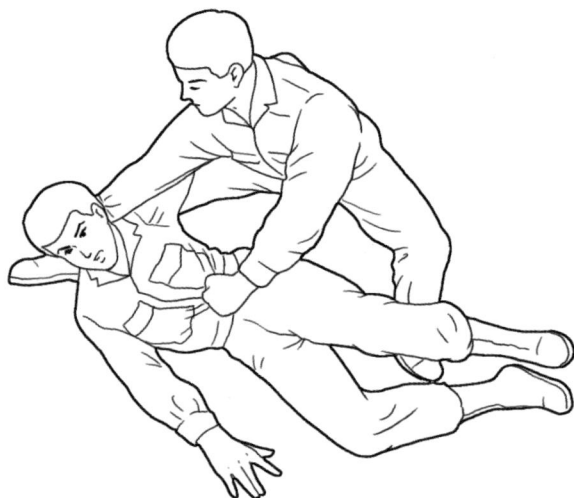

▲ 该动作的运用示例。

八、持枪前滚翻

　　该动作同样具有重要的实战意义。当持枪的特警队员受到来自后方的撞击而跌倒或者被地面障碍物绊倒时，可以在枪不离手的同时防止身体受伤，并迅速恢复到作战姿态。

◀纵身前倾，侧身倒地。

▼手臂与肩部先着地，身体顺势向前翻滚。

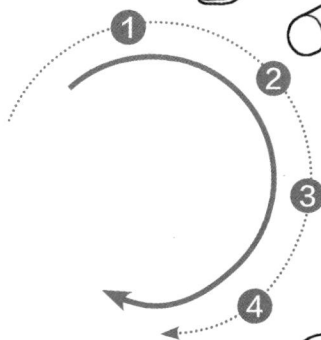

▼在身体滚动的过程中蜷缩双腿。

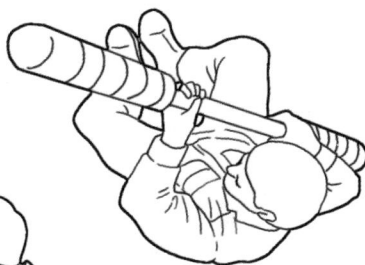

◀翻滚结束后，上身立起，进入跪姿。

九、持枪纵身翻滚

纵身翻滚可用于快速通过一些高度接近腰部的障碍物，并避免过于暴露身体。持枪纵身翻滚的动作姿态类似持枪前滚翻，只是其由特警队员所自主控制发生，且翻滚的速度更快。该动作对于快速穿越火线等危险区域有着极为重要的意义。

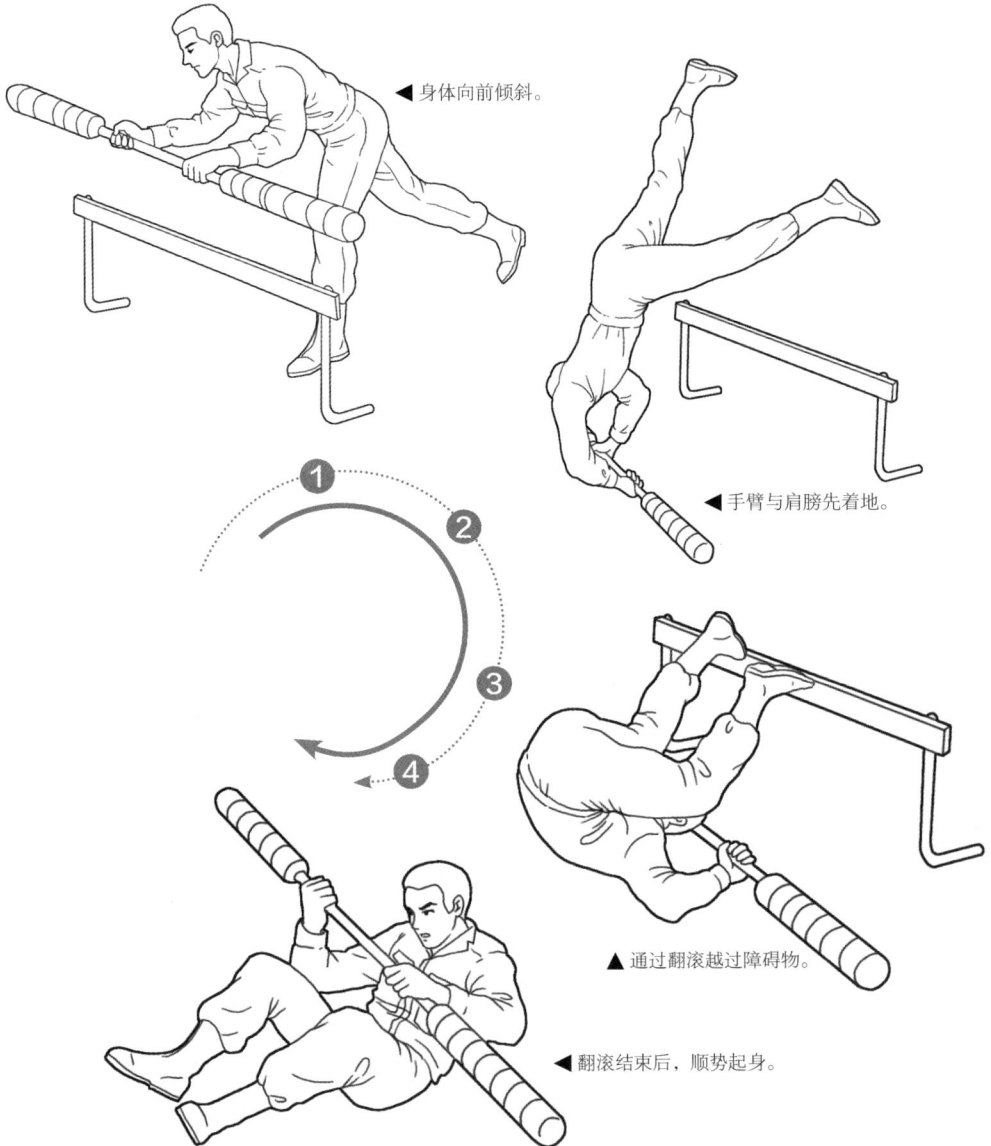

◀ 身体向前倾斜。

◀ 手臂与肩膀先着地。

▲ 通过翻滚越过障碍物。

◀ 翻滚结束后，顺势起身。

十、持枪后滚翻

特警队员可通过持枪后滚翻来躲避一些危险。

◀ 身体后仰。

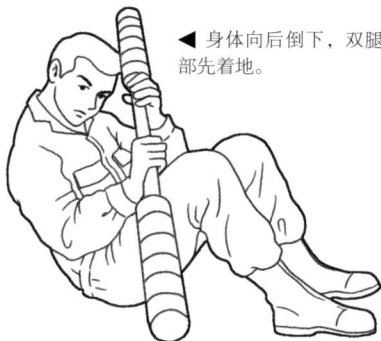

◀ 身体向后倒下，双腿弯曲，臀部先着地。

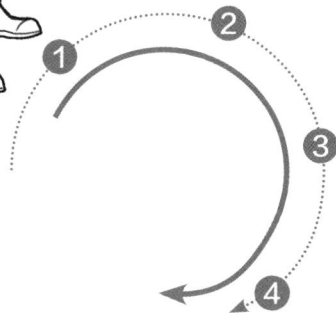

▼ 为使翻滚顺利完成，需要拱起背部，双腿上扬超过头部。然后，身体倾向一侧肩膀。

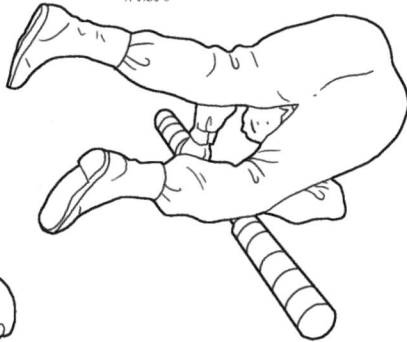

◀ 翻滚结束后，双腿着地，立起身体。

第六章

手枪技战术

通常人们将手枪视为紧急情况下的自卫武器或在低对抗强度下使用的武器（如普通执法行动）。但对于特警部队来说，将手枪归于自卫武器或辅助武器的做法是欠妥的。绝大多数时候，现代特警都需要在空间狭小、距离近和变换速度快的场景中作战，在这些场景中小巧的手枪会比突击步枪、冲锋枪和霰弹枪更为有效。同时，很多时候特警队员都需要单手持枪，以便同步进行诸如使用工具或扶持人质等操作，此刻显然不太适合使用需要双手握持的武器。因此，对于特警队员来说，手枪的重要性甚至超过了其他具有更强火力的武器。

世界各知名特警部队对手枪训练的要求都很高，与普通人印象中的手枪的使用方式不同，特警部队对中短距离，甚至极近距离内的出枪速度和火力强度（射速）要求极高。并且，由于需要使用手枪与匪徒面对面地进行火力对抗，所以特警部队对特警队员的心理素质、判断力和决断力都提出了极高的要求。而这些都需要特警队员对手枪的使用能够做到"枪手心合一"，并让拔枪、瞄准、射击和更换弹匣等动作都形成本能反应。

左轮手枪和半自动手枪

如果从结构上来进行区分，现代手枪可分为左轮手枪和半自动手枪。虽然目前这两种手枪都大量被执法机构所采用，但从未来发展的趋势上来看，左轮手枪正逐渐被半自动手枪所取代。不过，这并不意味着半自动手枪在所有方面都比左轮手枪优秀——左轮手枪在很多方面仍然具有半自动手枪不可替代的优势。

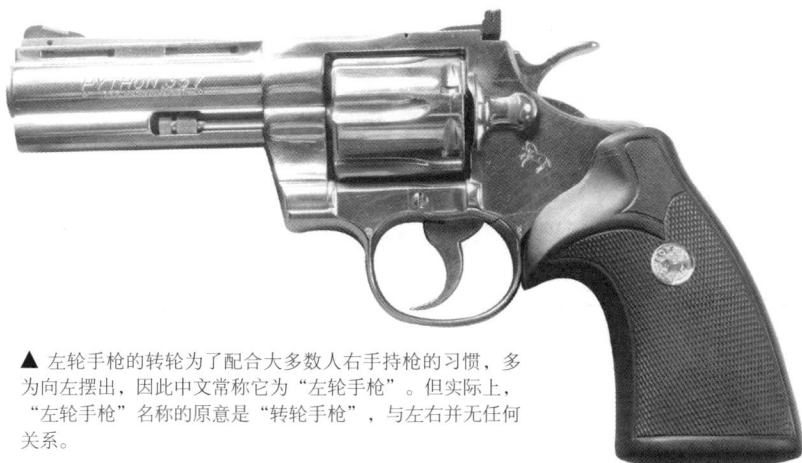

▲ 左轮手枪的转轮为了配合大多数人右手持枪的习惯，多为向左摆出，因此中文常称它为"左轮手枪"。但实际上，"左轮手枪"名称的原意是"转轮手枪"，与左右并无任何关系。

▲ GLOCK 17半自动手枪因其优秀的性能，而被诸多执法机构所采用。GLOCK 17半自动手枪的外形非常简洁，十分符合实战应用，也便于随身携带。GLOCK 17半自动手枪的握把与枪管轴线的夹角比任何手枪都要大，这个角度是根据人体手臂自然抬起的瞄准姿势与身体的角度而定的，因此使用者几乎不用瞄准便可举枪射击——在突然遭遇的近战中瞄准速度特别快，射击的准确率也高。

左轮手枪		半自动手枪	
优点	缺点	优点	缺点
由于没有枪机后座的动作，左轮手枪的射击准确度较半自动手枪高。特别是使用单动扳机时的首发射击，这种优势更为明显。	在使用左轮手枪进行持续快速射击时，扳机力较大（双动扳机），大约需要3.6~4.5公斤的扳机力，而半自动手枪在持续快速射击时，只需要1.5~2公斤的扳机力。这主要是因为半自动手枪在持续射击时，击锤可依靠后坐力自动进入待发状态，而左轮手枪在持续射击时，扳机力需要一边推动转轮转动，一边拉起击锤。过大的扳机力，不利于快速反应，影响持续射击的精确度。当然，左轮手枪在采用单动扳机射击时，其扳机力很小，但单动扳机无法支持快速持续射击。	半自动手枪能与冲锋枪及冲锋手枪（战斗手枪）共用子弹。	半自动手枪的结构较为复杂，动作过程较多，导致可靠性下降，无法击发的情况时有发生。此外，由于结构复杂，其保养流程相对烦琐。
由于在射击过程中无半自动手枪的弹药上膛、抛弹壳及套筒往复运动等动作，左轮手枪的可靠性高。一把正常保养的左轮手枪，只要弹药没有问题，几乎就没有出现故障的可能。	装弹数少，大部分的左轮手枪一次最多填装6~7发子弹，远低于大部分的半自动手枪。	一般来说，半自动手枪的弹匣容量较大，以GLOCK 17为例，其弹匣容量可达17发，加上枪膛中可预先装入一发子弹，总弹容量可达18发。	遇到哑弹后，无法继续击发，需要手动排除哑弹。
故障排除迅速，在射击时如出现子弹不能击发的问题，只需再次扣动扳机，就可以击发下一发子弹，避免了在战斗中突然出现火力中断的危险。	一般来说枪管与转轮间有空隙，以至于射击时无法使用消声器。同时因为这个间隙会泄露火药燃气，通常左轮手枪的威力比使用相同弹药的自动手枪低。	扳机力小，射击时较轻松。	需要多重保险机构以降低走火危险。
操作简单，学习过程较短。即便是新手，在携行与使用方面也不容易出现错误。	重新填装子弹所需的时间较久。即便是一个熟练的射手，使用专用快速装弹器进行装弹，也需要花费4~5秒钟的时间。而在大多数情况下，射手为半自动手枪更换弹匣，则只需要花费2~3秒钟的时间。	半自动手枪的射速较快，火力密集度高。而且，半自动手枪的弹匣更换更简单与快速，即便是新手都能实现快速更换弹匣。	半自动手枪即便装上满弹药的弹匣，如不拉动套筒上膛，也是无法击发的。退弹时，若仅仅取下弹匣，那么枪膛中还会有一发子弹——很多意外事故都是由于射手忽略检查枪膛而造成的。半自动手枪的操作步骤较多，射击前，射手需要考虑弹匣中是否有子弹？是否已经上膛？保险是否已经打开？甚至有一些新手，在击发时会因为过度紧张，使大拇指不小心按到弹匣释放钮，致使弹匣落下。
除了中折式构造的类型外，大多数左轮手枪都较为坚固——更适合使用高膛压的超音速子弹。所以，有较多的大威力子弹可供选择。	因为转轮是圆形且包括了中间的轴部，所以左轮手枪比半自动手枪更厚。而且由于左轮手枪的握把突出于机械结构后方，所以其枪身长度也比自动手枪长。	由于机匣密封，所以半自动手枪能够使用消声器。	虽然更换弹匣的速度很快，但在为弹匣装填弹药时，比左轮手枪慢。
安全性高，除固定弹仓式构造外，都无须保险机构，更可在击锤对准的"第一发"弹巢中不预装子弹，杜绝走火的危险。此外，射手也可很直观地看到弹巢中剩余了多少弹药。	左轮手枪的战术加装件和改装件少，扩展性能有限。	半自动手枪的战术加装和改装配件多，扩展性能较好。	射手无法直观地看到枪内剩余弹药数，需要根据经验随时更换弹匣。

单动扳机和双动扳机

手枪的击发机构主要分为单动扳机模式和双动扳机模式，需要注意的是，所有半自动手枪都需要手动将第一发子弹预先上膛。

单动扳机手枪在击发前需要先以拇指拉起击锤后才能发射，但从第二发起便可以直接发射。单动扳机手枪的优点是精度较好，并且从第二发开始射速比较快且扳机力小，缺点是需要预先打开保险，否则从拔枪到击发第一发子弹的速度较慢，但预先打开保险又易走火。

普通双动扳机手枪的第一发射击类似常见的左轮手枪，依靠扳机力将击锤拉起再释放，使其击打在撞针上，完成击发。之后，枪机套筒在后坐力的作用下将击锤推到待击发位置，此后的射击，就和单动扳机手枪首发之后的动作一样了。这种方式的优点在于不需要用拇指拉动击锤，提高了首发的反应速度，但由于首发扳机力和扳机行程都较大，不利于稳定射击。同时，由于后续射击时扳机力的变化较大，更增加了掌握难度。

双动扳机手枪则是整个射击过程都采用双动方式。首发击发后，枪机套筒后坐，击锤不会卡在待击发位置上，而是落在枪机上。也就是说，无论是首发还是后续的击发，均是以双动的方式完成的。这种方式确保了每一发的扳机力和行程都相同，易于掌握和控制。虽然双动模式存在扳机力相对较大与射速低的问题，但目前通过优良的设计和制造工艺，已让扳机力下降到了较低的水平，射速也足以满足实战需要。综合考虑反应速度、安全程度和射击稳定程度，双动扳机手枪逐渐成为特警部队的标准配枪。

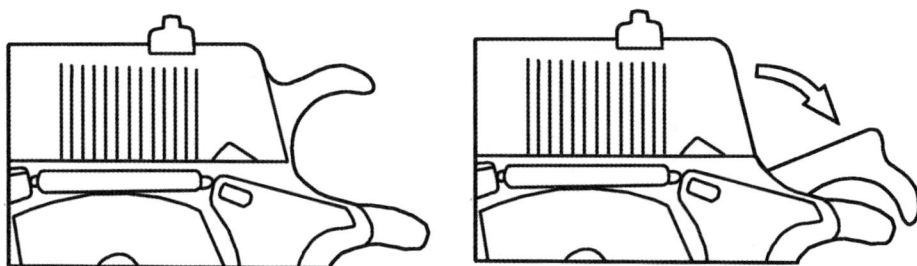

▲ 单动扳机手枪的击锤需要靠大拇指将之拉至待击发位置，而双动扳机手枪则不需要这个动作，其通过扳机力和加长的扳机行程来推动击锤的拉起和敲击。

基本技术

要完全掌握特警部队的技战术，就必须完全掌握正确的基础知识。而即便是一些有过射击经验的人，也未必完全了解如何正确使用枪支。

手枪的握持

要想正确握持手枪，射手就必须将手枪作为手腕与手臂的延伸，将枪口视为同样具备指向功能的食指。因此，特警队员必须掌握正确的握持姿势，让每一次拔枪与射击的动作都基本相同——这包括握持力度和手指的位置等。

握持力度对于手枪瞄准来说非常重要。握持力过大，手会出现颤抖，影响射击的稳定性；握持力过小，会导致射击精度难以控制，甚至抓不住击发后的手枪。最合适的力度是——抓紧枪柄，当略微出现颤抖时，适当放松，直到颤抖完全消失——这时候的握持力最为合适。通过反复的练习，特警队员便可以随时随地用最适当的力度握持手枪了。

此外，特警队员还应该尽可能双手握持手枪射击，右手握持手枪时，左手则稍微向后用力，这样能够使手枪更为稳定。在开火的瞬间，应用左手将枪口略微向下压，这样可抵消一部分后坐力带来的枪口上扬的动能。若开火后枪柄在手中出现了滑动或手掌松开了手柄，那么应该在调整后再握持一次，以保证每次都能握持在正确的位置上，久而久之正确的握持手感就养成了。

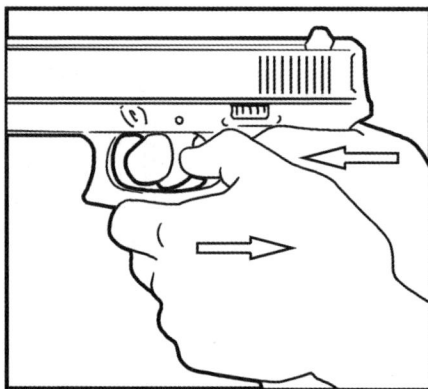

◀ 双手握持手枪射击时，如射手是右手握持手枪，则左手应稍微向后用力。

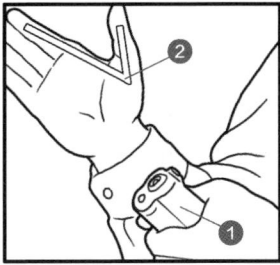

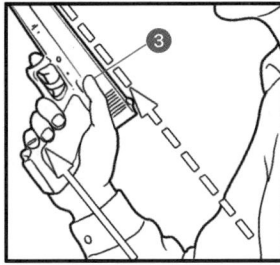

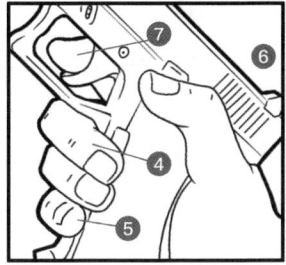

① 左手握持枪身，枪口向上并朝向标靶方向。

② 右手掌伸开，拇指与手掌分开。

③ 将枪放在右手上，右手虎口紧靠枪手柄背部的顶部。手枪的瞄准线和前臂平行。

④ 中指、无名指与小手指握住手柄。中指刚好靠着扳机护圈，指尖靠着手柄侧面，无须施加压力。

⑤ 小手指只需要轻靠手柄即可，过度用力只会使得持枪动作僵硬，肌肉过分紧张疲劳，从而导致稳定性下降。

⑥ 大拇指轻靠在保险上，切勿压在中指和无名指上。

⑦ 食指上部的第一节压在扳机上。

▲ 以适当力度握持手枪后，手枪、手腕与前臂应该是一个牢固的整体。当被其他人握住枪身上下左右晃动时，手枪、手腕和前臂应该仍是一个整体，并一起运动。

基础训练

特警队员可相互配合学习，一个人按照规定练习，另一个人在一旁检查观看，然后角色互换。这样的学习方式可让特警队员快速掌握射击技术要领，并纠正错误姿势。在实施快速射击时，特警队员从预备射击姿势到最终射击，整个过程应该在 1 秒钟之内完成。

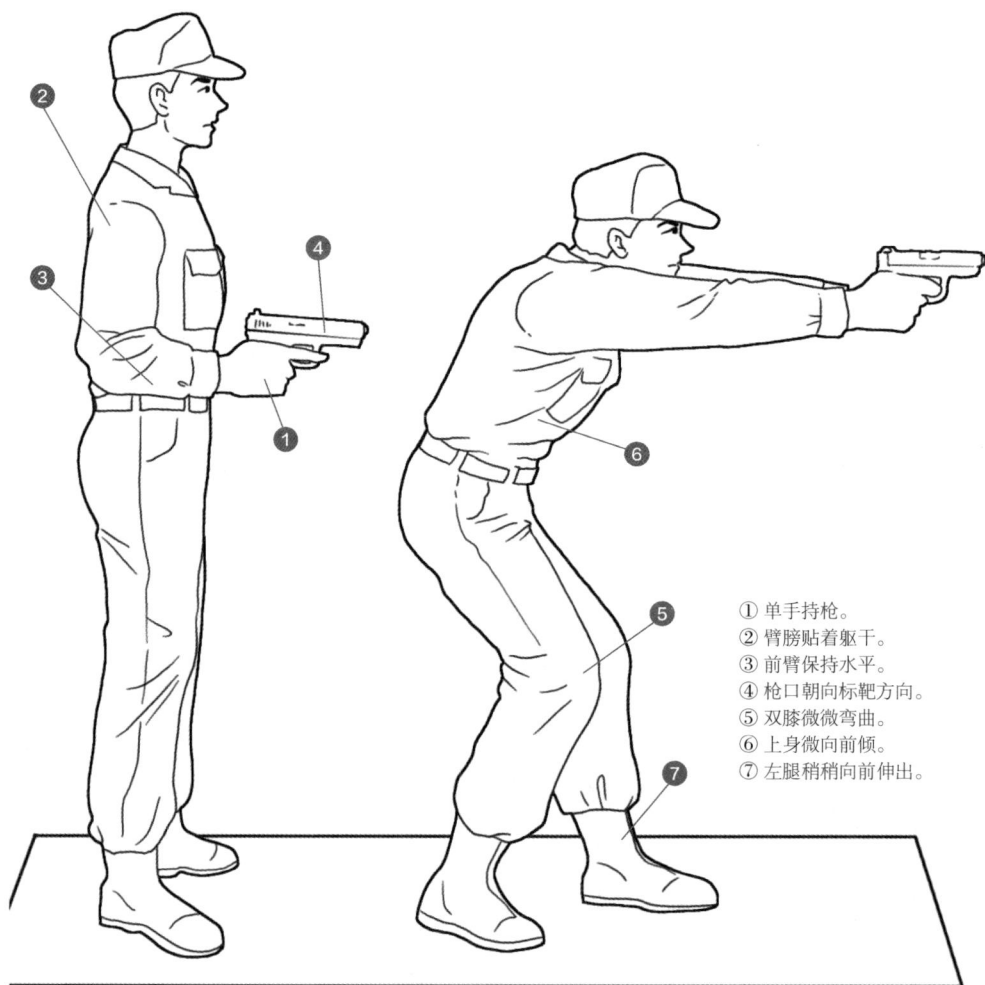

① 单手持枪。
② 臂膀贴着躯干。
③ 前臂保持水平。
④ 枪口朝向标靶方向。
⑤ 双膝微微弯曲。
⑥ 上身微向前倾。
⑦ 左腿稍稍向前伸出。

预备射击姿势　　　　　　　屈身射击姿势

瞄准

当人们向他人指示目标时，通常会很自然地伸出手臂，用食指指向眼睛所注视的方向——这是人的本能。而手枪指向瞄准就是借助这一人的本能来实施的，只是将手指换成了手枪而已。

手枪的击发并非都需要一个标准的瞄准过程，采用何种方式指向目标射击，取决于当时的具体情况。例如在面对有被劫持的人质或周围无辜人员较多的情况时，对射击精度的要求就很高——通常要求能够一枪击毙歹徒，这时特警队员就需要谨慎地瞄准射击。又例如当歹徒近在咫尺并发起攻击时，特警队员就要争取快速开火，以平时的训练和对射击感觉的把握，迅速杀伤歹徒。

面对疯狂的罪犯，通常情况下特警队员会被要求：一旦开枪，至少要进行两发以上的连射，并以要害部位为射击点，以确保让罪犯迅速失去行动能力。多发射击的原因在于，有多个实战案例表明，在某些情况下，罪犯即便中枪也仍然具备继续实施犯罪的能力。

枪柄套（手柄套）

通常来说，精准的射击有赖于正确的姿势、准确的瞄准和稳定的击发。但在近距离作战中，特警队员基本没有时间完成标准的瞄准动作，只能靠感觉来实施快速射击。如击发时的握持位置与平时不同，那么最后的射击效果可能会差得很远。握持的准确程度是整个快速射击过程中最影响射击效果的一环，为了解决这个问题，

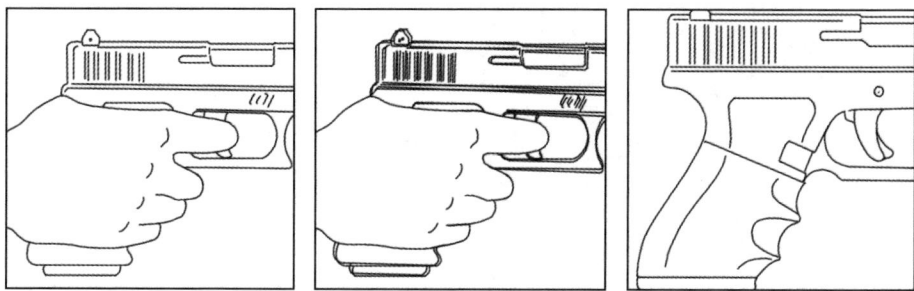

▲ 每次的握持位置都一样，是最理想的状态。但在紧急情况下，特警队员每一次拔枪后，手掌握持手枪的位置都可能会有出入。而手柄套可有助于固定握持位置，从而提高手枪指向的稳定性。

特警队员通常会使用手柄套——用来快速找到手指在手枪手柄上的熟悉位置。

手柄套是一个套在手枪手柄上的橡胶套子，表面有符合射手手形的手指槽。有了手柄套，特警队员在拔枪时，就能够保证手指准确地握在正确的位置上。

近距离瞄准

出现近距离的手枪枪战说明情况已经相当危急了，此时快速反应是最为重要的。在这种情况下，最常见的错误做法就是向前伸出手枪——这很容易导致手枪被夺或被对方挡开。正确的做法是将手枪置于腰高位置，眼睛紧盯目标，根据需要随时开火。

◀手枪置于腰高位置。

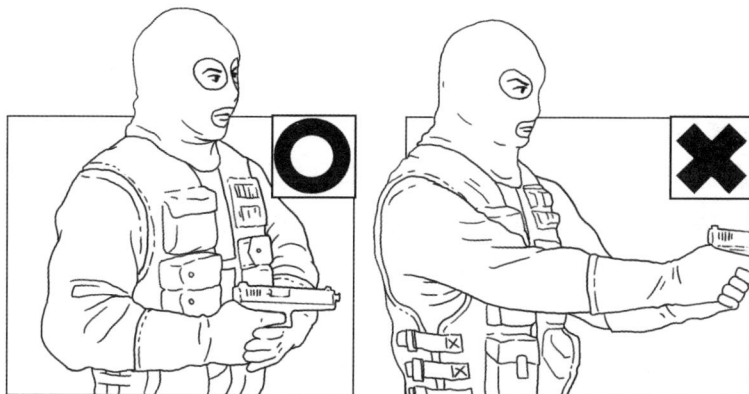

▲ 正确和错误的近距离瞄准方式对比。

中距离瞄准（15 米内）

这个距离上反应速度仍然是最重要的，特警队员需要采用"双眼观察、单眼瞄准"的方式，沿着手枪指向的方向，将注意力集中在右侧（右手握枪时）。同时，眼睛看到哪里手枪就指向哪里，并用眼睛的余光来保持对左侧区域的警戒。此时，应将手枪向前伸出（手臂略微弯曲），略低于眼睛高度，这有利于快速完成瞄准动作——只要目标中心位置落在准星点上，即可开枪，以取得主动权。

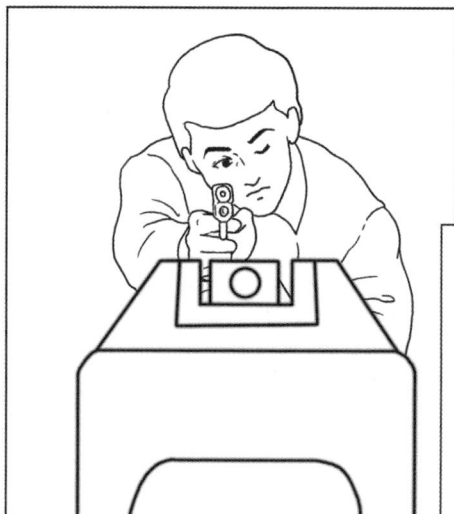

▼ 手枪向前伸出（手臂略微弯曲），略低于眼睛高度。

▲ 单眼瞄准。

远距离瞄准（15 米以外）

随着距离的拉远，罪犯对特警队员的威胁会大大降低，射击的紧迫性也随之降低。此时，射击的有效性是首要需求。在条件允许的情况下，特警队员最好采取有依托的射击方式，力求首发命中。

在远距离使用手枪进行射击时，特警队员应对注意力进行有效控制。通常眼睛在观察事物时，会先概略扫视一遍，然后视觉的焦点就会被一些明显的特征所吸引（如反光、艳丽的色彩和活动的物体等）。而对于一个特警队员来说，是不应受到这些特征的影响的——在射击过程中，其视觉焦点被有意识地控制，始终不离开预期的弹着点，比如当注视着罪犯的面部时，视觉焦点可落在其两眼之间；当注视着罪犯的身体时，视觉焦点则应落在其身体上的某个细节部位上（扣子或领带等）。

特警队员要紧紧跟随视觉焦点而移动双手握持的手枪的枪口朝向，当枪口指向目标后，应立刻将视觉焦点落在手枪的准星上，并随即扣动扳机。这一过程应该是在瞬间完成的，其熟练程度有赖于日常的射击训练。随着射击距离的进一步拉长，由于景深的缘故，被瞄准目标和准星间的清晰程度会降低，特警队员需要花费更长一点的时间来进行修正。

目标距离与持枪姿势

因为在近距离作战中，手枪瞄准射击的速度更重要，所以特警队员在这时只需要做到大概瞄准即可。为了提高反应速度和取得理想的射击效果，特警队员应在不同距离上使用不同的持枪姿势。

●当目标在 15 米之外时，才有必要双手水平持枪瞄准射击。

●当目标在 5~15 米范围内时，手枪可置于胸前，略低于眼睛高度，进行概略指向射击。虽然射击精度会受到影响，但可以大大减少瞄准时间。并且，在这个距离上，这种持枪姿势对射击精度的影响不会太大，通常还是能够保证命中目标的概率。

●当目标在 5 米之内时，完全没有时间来进行瞄准，只需要正对目标，保持手枪水平，靠近腰间前部，即可开火。

快速瞄准训练要点

将手枪想象成瞄准线的起始端，并养成以瞄准线追踪目标的习惯。特警队员从拔枪的瞬间开始，就应该将瞄准线和视线合为一体。在训练中，特警队员可采取先慢后快的方式，熟练之后再不断加快瞄准速度。此外，特警队员可先对单个目标进行瞄准射击训练，待熟悉之后再进行多个目标的瞄准训练。需要注意的是，在改变瞄准线指向时，特警队员应该让整个上半身配合移动，而不是仅移动双臂。

要做到"到位枪响"。在瞄准线指向开始移动时，特警队员就要开始预扣扳机，并随着越来越靠近目标区域，逐渐增加扳机压力，至瞄准线落在目标上时，刚好击发。要做到这一点，特警队员必须对枪械的特性了如指掌，搞清楚扳机行程和扳机力的变化特性，然后反复练习。

熟练掌握"双眼观察，单眼瞄准"的技术。队员应该反复体会单眼瞄准和双眼瞄准的不同，做到将主要注意力集中在右眼（右手握枪时），而将左眼余光用于保持对周边的警戒。该技术可通过以下方法进行验证：在眼睛和被观察点之间

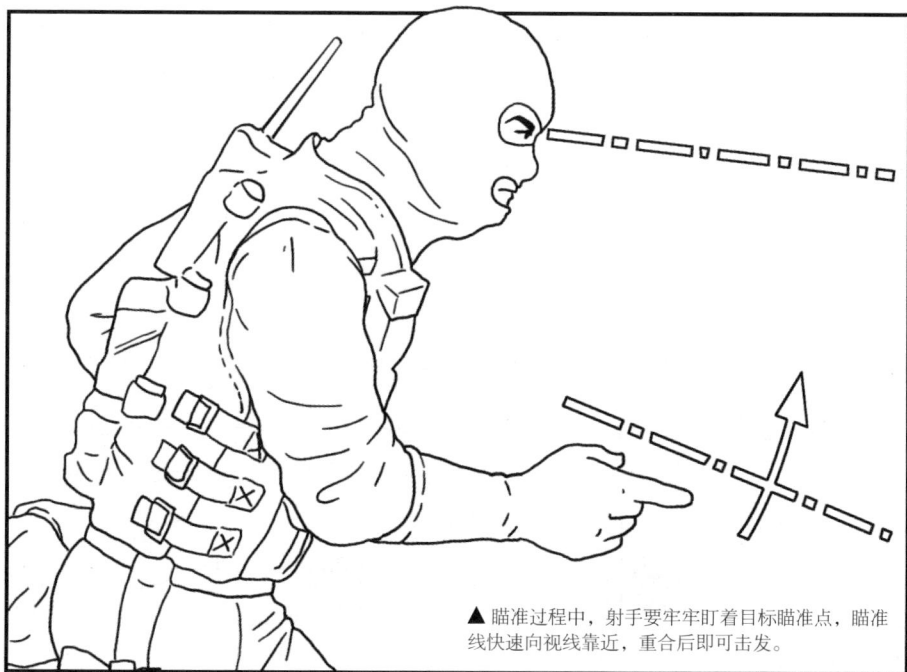

▲ 瞄准过程中，射手要牢牢盯着目标瞄准点，瞄准线快速向视线靠近，重合后即可击发。

拟定一个标识物（也可以用手指来代替），然后用双眼观察，记下标识物在被观察点上投下的位置。最后闭上左眼，再观察该位置是否发生变化。如果未发生变化，则说明测试者的双眼观察是以右眼为主的。

将上面的各种技巧综合起来，在不同角度、不同高度、不同距离与不同方向上反复进行练习。然后随着熟练程度的加深，不断缩小瞄准区域。

击发

击发是射击过程中最关键的一环。击发的过程包括两个部分：扳机的扣动和扳机的释放——很多人都容易忽视后一个过程。扳机的扣动应该尽量匀速。力量的大小也要适当，刚好可以释放击锤即可，过大的扣动力量会导致枪身的摆动。而在扳机释放的过程中，特警队员应该保持扳机与手指的接触，不可将食指直接挪开——这种行为会对下一发射击的及时性造成影响。

食指待命位

只有当枪口对着射击方向时，特警队员才可将食指放在扳机上。在其他时候，传统的做法是将手指伸直，放在扳机护圈前方位置，但这种做法对时常遭遇近距离战斗的特警队员来说，存在明显的缺点——首先是反应不够快，当射击机会突然出现时，食指不一定能够迅速而准确地落在扳机上。其次是扳机扣动力过大，手指从伸直状态突然变为弯曲状态，并扣动扳机，容易出现扳机扣动力过大的情况，导致射击失准。再次，手指伸直置于扳机护圈前方时，容易触碰到枪机分解栓，

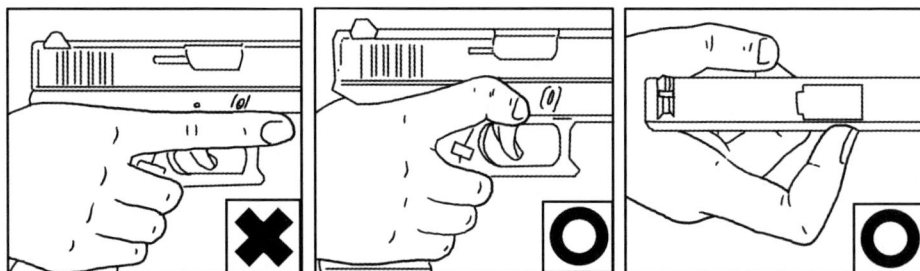

▲ 错误的食指待命位置。　　　▲ 正确的食指待命位置侧视图。　　　▲ 正确的食指待命位置俯视图。

可能造成有关部件松动，导致出现故障。最后，若对方抓住了手枪前部，伸直的手指容易被对手一起抓住，导致格斗失利。

因此，最好的方法是将手指弯曲置于扳机护圈上方，并轻靠在枪身上。

拔枪动作

快速拔枪是实施近距离快速射击的首要条件。传统的拔枪方式是将前臂垂直伸入枪套中，握住枪柄，把枪向上提起，并转动手腕以最短的路径将枪口指向目标。虽然这是最简单直接的拔枪方式，且手部行程最短，但却不是最快的拔枪方式。这主要是因为手部在垂直方向上有两个相反的运动过程，向下伸出，向上提起，这个过程延长了拔枪时间。

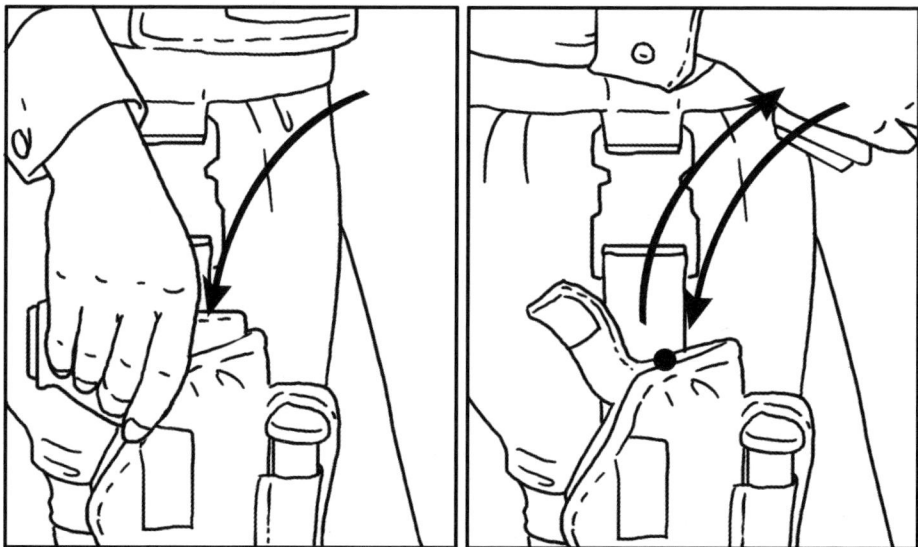

▲ 传统拔枪动作分解。

特警部队一般采用圆弧式拔枪动作，而不是垂直式拔枪动作。圆弧式拔枪顺应肢体的自然活动方式，整个过程流畅，没有顿挫。虽然行程较长，但仍然比垂直式拔枪快。此外，以这种方式拔枪，手指更容易实现在握柄上的定位，从而使圆弧式拔枪的速度优势更为明显。

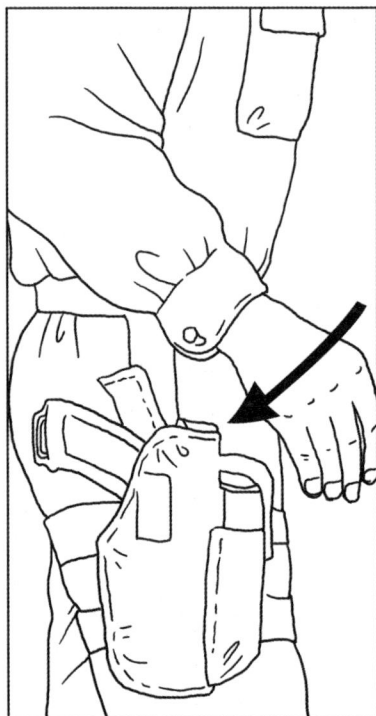

▲ 右手置于枪套前方，手臂向后、向下自然摆动至枪套位置。

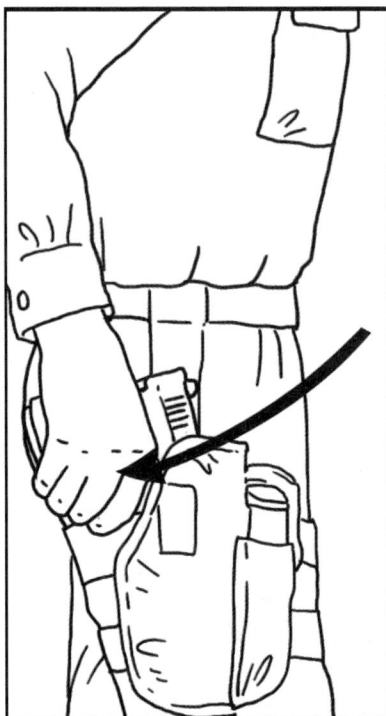

▲ 在向上提枪时，中指、无名指与小手指依次握上手柄，将手枪稍稍提出。然后迅速用手掌握持住手柄，并把手枪完全拔出。

▼ 整个动作要流畅，不停顿。

▼ 手臂向前伸出，枪口指向目标。

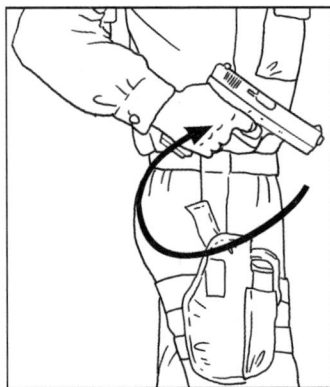

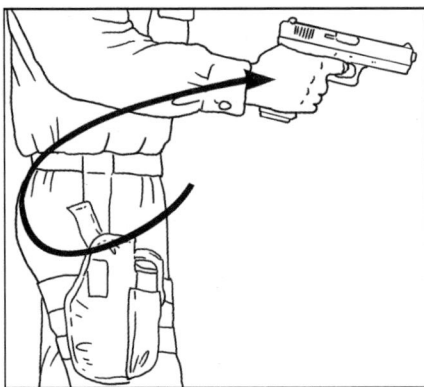

手枪射击姿势

射击姿势会直接影响到射击的稳定性，常见的双手持枪姿势有维弗尔式和等腰三角形式，这两种方式各有所长。通常当队员选定最适合自己的射击姿势后，就不应该随意改变。

维弗尔式射击姿势

该射击姿势于 20 世纪 50 年代被美国的杰克·维弗尔（Jack Weaver）所创造。其优势在于，手枪轴线与手臂方向重合，使手枪射击时产生的后坐力也与手臂重合，进而降低了后坐力对射击精度的影响。

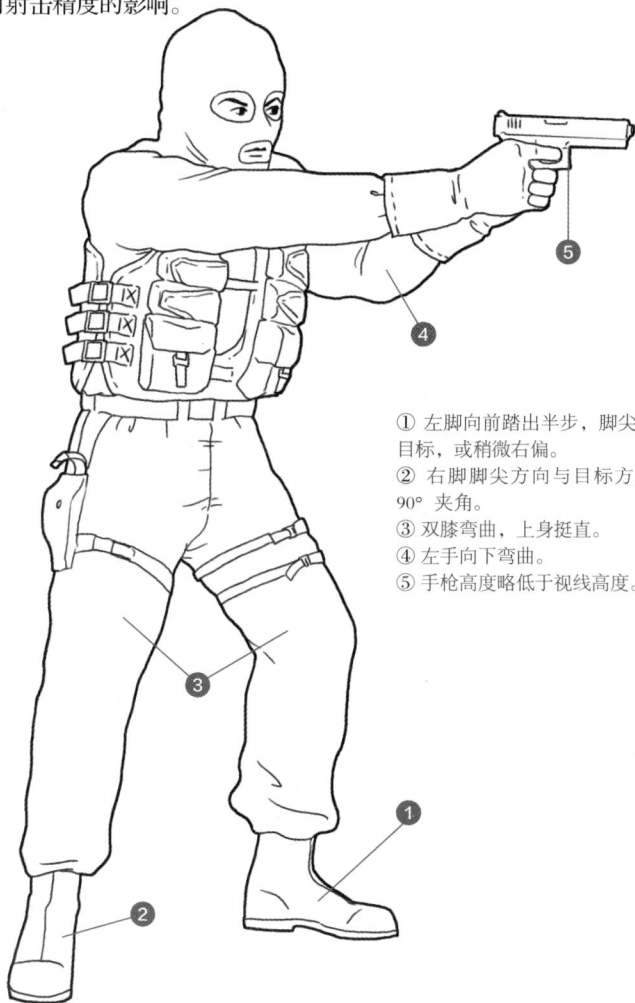

① 左脚向前踏出半步，脚尖朝向目标，或稍微右偏。
② 右脚脚尖方向与目标方向呈 90° 夹角。
③ 双膝弯曲，上身挺直。
④ 左手向下弯曲。
⑤ 手枪高度略低于视线高度。

① 躯干与瞄准方向呈45°夹角。
② 持枪的右手向前完全伸直，肘关节锁定。
③ 头部向右侧倾斜，使右眼与瞄准线重合。
④ 瞄准线与右手臂在同一个垂直平面上。

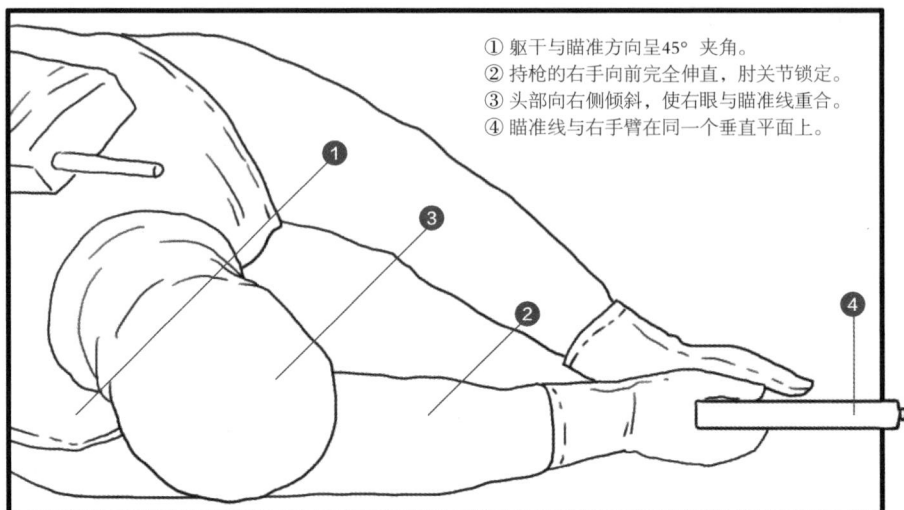

▼ 手枪射击轴线与手臂要在同一条线上，这样才能有效降低后坐力对握持的影响。如果手枪射击轴线与手臂不在同一条线上，会使手臂在射击时产生大幅度晃动。

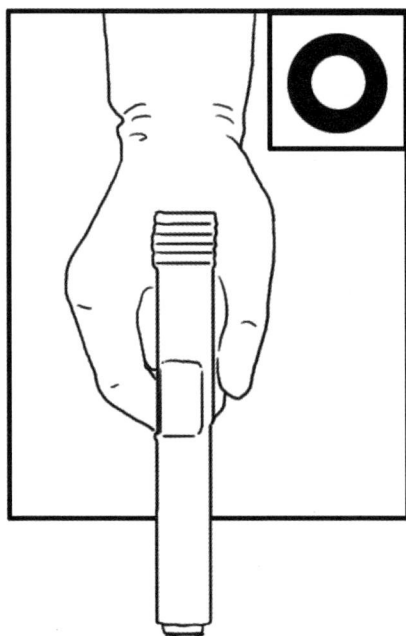

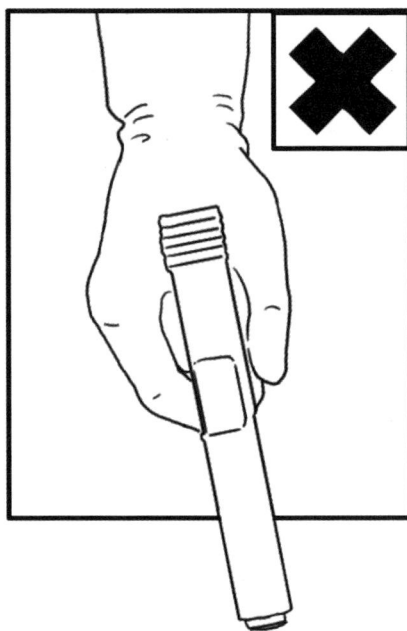

等腰三角形式射击姿势

等腰三角形式射击姿势可使身体受力均衡，多数人下意识中更愿意接受这种姿势。有研究发现，一般的执法人员即便在平时训练时已习惯采用维弗尔式射击姿势，但当他遭遇危急情况时，在巨大的精神压力下，也会自然而然地使用等腰三角形式的射击姿势——这也说明该姿势更接近人的本能反应。

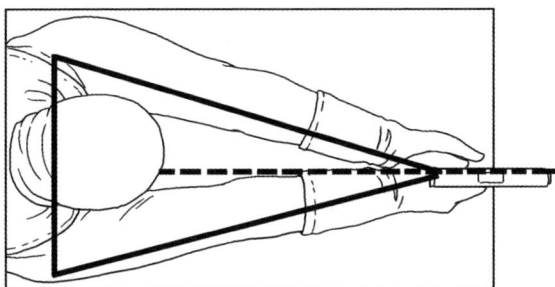

▶ 双臂伸直，肘关节适当用力，使双臂与身体构成一个等腰三角形。

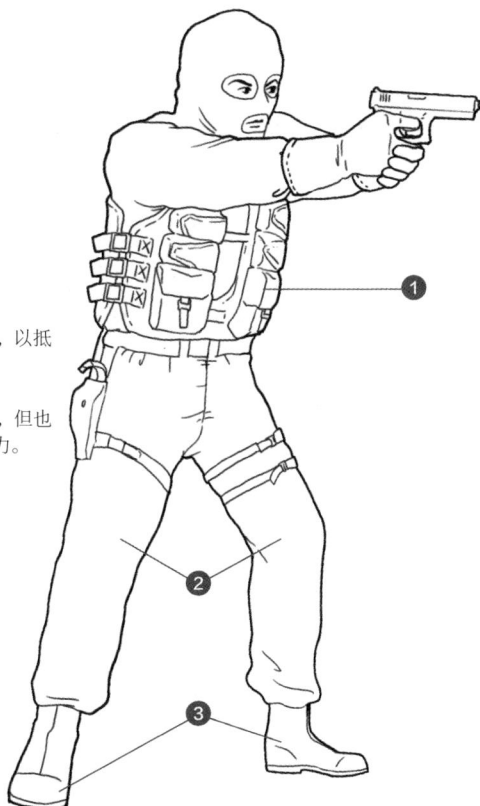

①身体面向目标方向，略微前倾，以抵消后坐力的影响。
②膝盖小幅度弯曲。
③双脚分开，其宽度不小于肩宽，但也不可分得过开，以免影响行动能力。

维弗尔改良式射击姿势

　　这种姿势是将传统维弗尔式和等腰三角形式进行综合，取长补短——双腿前后跨立的站立方式接近于传统的维弗尔式，使身体重心更为稳定。以等腰三角形式的手部动作持枪，但由于下身有一定的扭转角度，所以左手臂的弯曲程度要比右手略大。

① 左脚向前跨出半步。
② 膝盖弯曲。
③ 双臂弯曲，左臂弯曲度略大于右臂。
④ 右脚后移半步蹬地。

中远距离射击

    虽然多数手枪枪战发生在近距离范围内，但有统计数据表明，执法行动中仍然有15%的枪战距离超过了50米。在中远距离上进行射击，特警队员有更为充裕的时间和空间来调整射击姿势和修正瞄准——在这种距离上的枪战，射击速度与反应速度均不及射击精准度重要。

跪姿射击

    跪姿射击是中远距离上枪战的常见姿势，也是在这类战斗中最灵活与最快速的射击姿态。受过训练的特警队员，都可以在两秒之内由立姿射击姿态转为跪姿射击姿势。

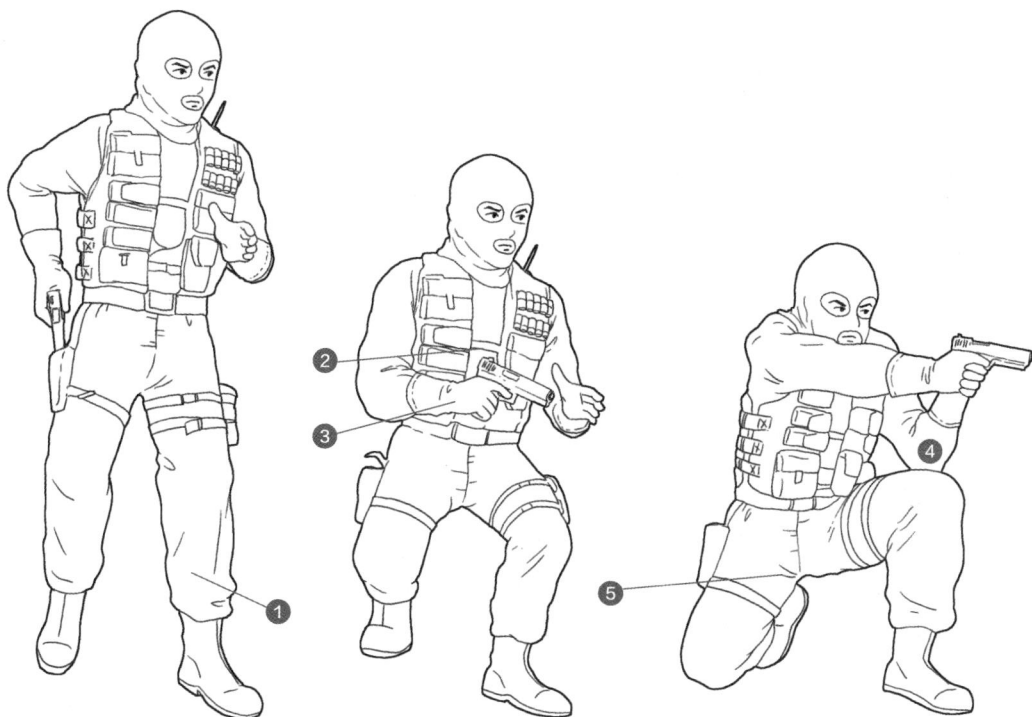

① 左脚向右前侧跨出一步。
② 蹲下。
③ 在蹲下的过程中拔出手枪。
④ 左手肘支撑在左膝上。
⑤ 臀部坐在右脚后跟处。

蹲姿射击

蹲姿射击为跪姿射击的补充姿势，通常在地面不适合采取跪姿射击时采用。

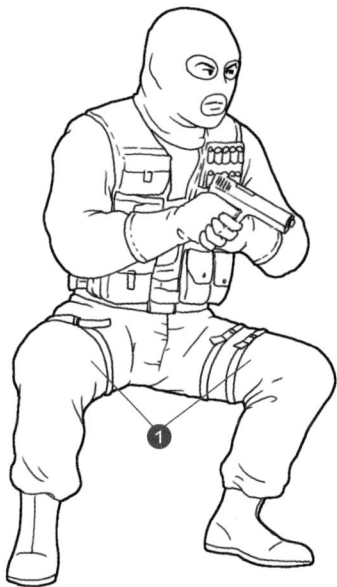

① 双腿分开，然后下蹲。
② 上身前倾。
③ 左手肘支撑在左膝上。

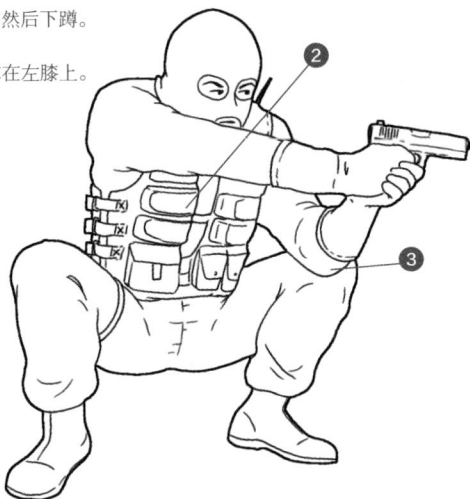

卧姿射击

由于整个手臂和躯干都能起到良好的支撑作用，所以卧姿射击的精确度较高。不过卧姿射击的灵活性不好，在战术姿态的切换上速度较慢。

① 面朝目标，双膝跪地。
② 在跪地的过程中拔枪。

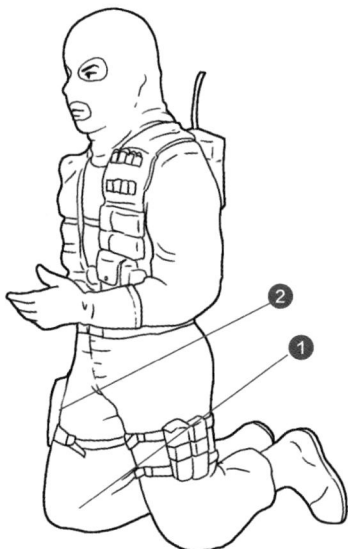

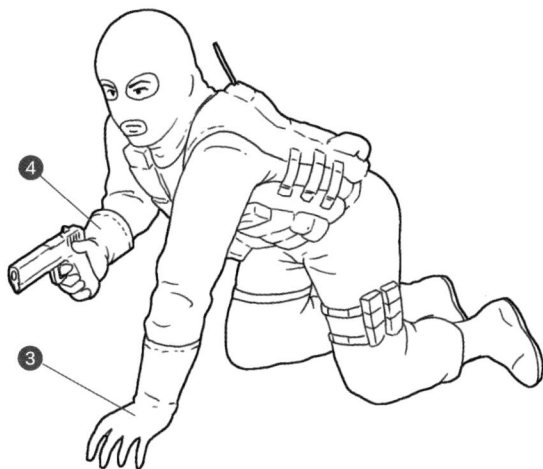

③ 身体向前倾斜，左手撑地。
④ 右手持枪向目标方向伸出。

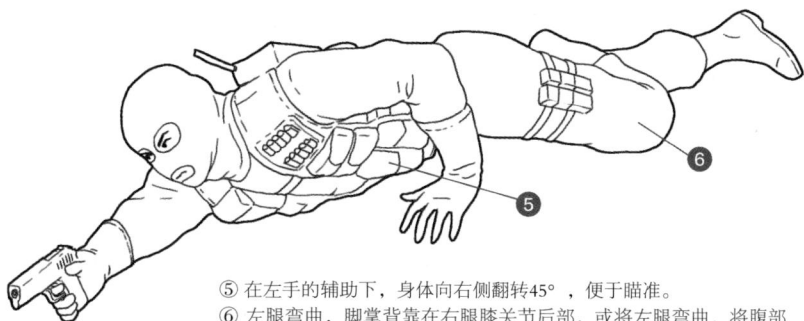

⑤ 在左手的辅助下，身体向右侧翻转45°，便于瞄准。
⑥ 左腿弯曲，脚掌背靠在右腿膝关节后部，或将左腿弯曲，将腹部微微撑离地面。这两种方式都有助于保持射击姿态的稳定，减少呼吸对射击的影响。

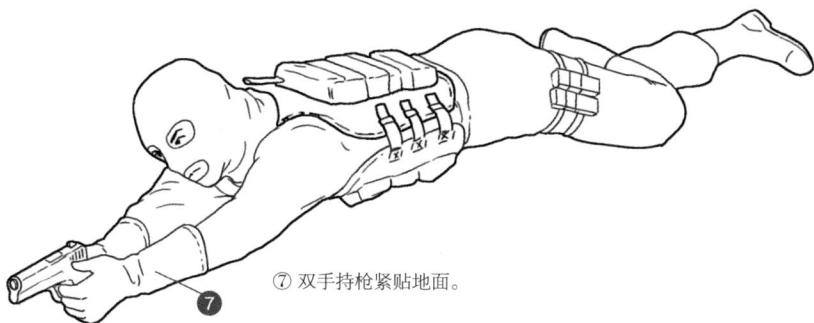

⑦ 双手持枪紧贴地面。

快速更换手枪弹匣

作为特警队员，应该时刻留意弹匣中的剩余弹药数，随时做好更换弹匣的准备。切勿拖延到迫不得已的情况下才更换弹匣。在更换弹匣时，枪膛中应该留有一发子弹，这样可以省去套筒回位的时间。特警部队的作战，通常持续时间短，射击频率高，因此有一种看法是"当弹匣里面的弹药消耗过半时，就要换掉"——这种理论至少在某些时候是正确的。

在实战中，特警队员想要清楚地知道弹匣里面还有多少弹药，具有一定难度——在生死攸关的时刻，一边要全神贯注迎击罪犯，一边还要记住弹药的消耗，这确实有些强人所难。与可以使用透明弹匣的冲锋枪和突击步枪不同，手枪的弹匣在握柄处，不易观察。因此，一些特警队员会将弹匣里的最后几发子弹换为曳光弹，当枪战中他们发现射出的子弹底部带着光点时，就会知道弹匣中的子弹所剩无几了。

尽管如此，更换弹匣的动作仍然无法避免，而在战场中停止射击去更换弹匣的行为会带来极高的风险。因此，如何快速更换手枪弹匣，就成为特警队员必不可少的训练科目。特警队员在战斗中更换弹匣时必须注意以下几点：

●尽量避免在奔跑或快速运动中更换弹匣。

●尽可能在有掩体物的地方更换弹匣。

●更换弹匣的过程中，要保持对目标的监视，并留意可能有威胁出现的方向。

●备用弹匣在身上的放置位置要固定，以形成习惯，并提高更换效率。

●如果正在为队友提供火力支援，那么在更换弹匣前，需要提醒队友寻找掩体或进行隐蔽。

装卸弹匣程序

在枪支的使用中，特警队员在任何时候都应假定枪支已经上膛。在更换弹匣时，特警队员还应检查弹匣与枪膛中是否有子弹。

上弹匣的流程如下：

●插入弹匣。

●将套筒向后拉，松开后套筒复位，子弹上膛。

●将保险置于安全位置上。

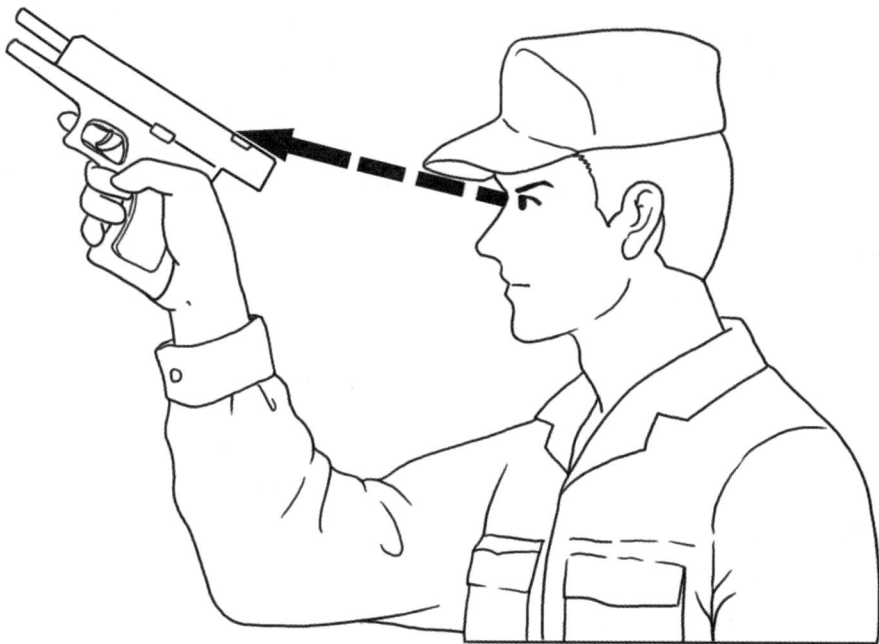

退弹匣的流程如下：

●按下弹匣释放钮，弹匣滑出。

●将套筒向后拉，目视检查枪膛内是否还有子弹。

●按下空仓挂机卡笋，使套筒复位。

●枪口朝向标靶或地面，扣动扳机，确定枪膛内没有子弹。

紧急更换程序

当手枪打完弹药，呈空仓挂机状态时，可按以下程序更换弹匣：

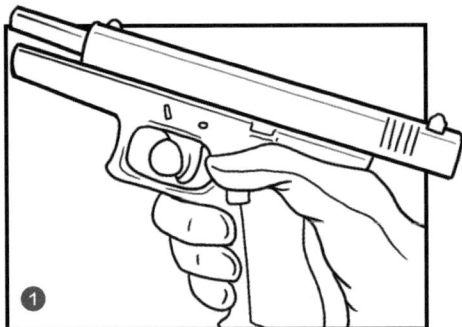

① 最后一发子弹射出后，套筒被锁定，呈空仓挂机状态。

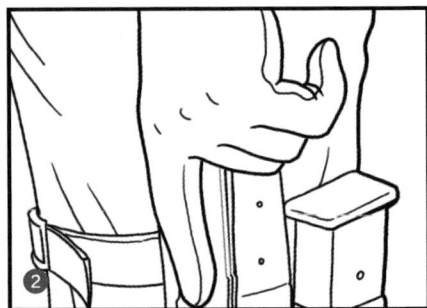

② 左手从弹匣袋中抽出备用弹匣，掌心压着弹匣底部，食指紧贴弹匣正面，其余手指握住弹匣。

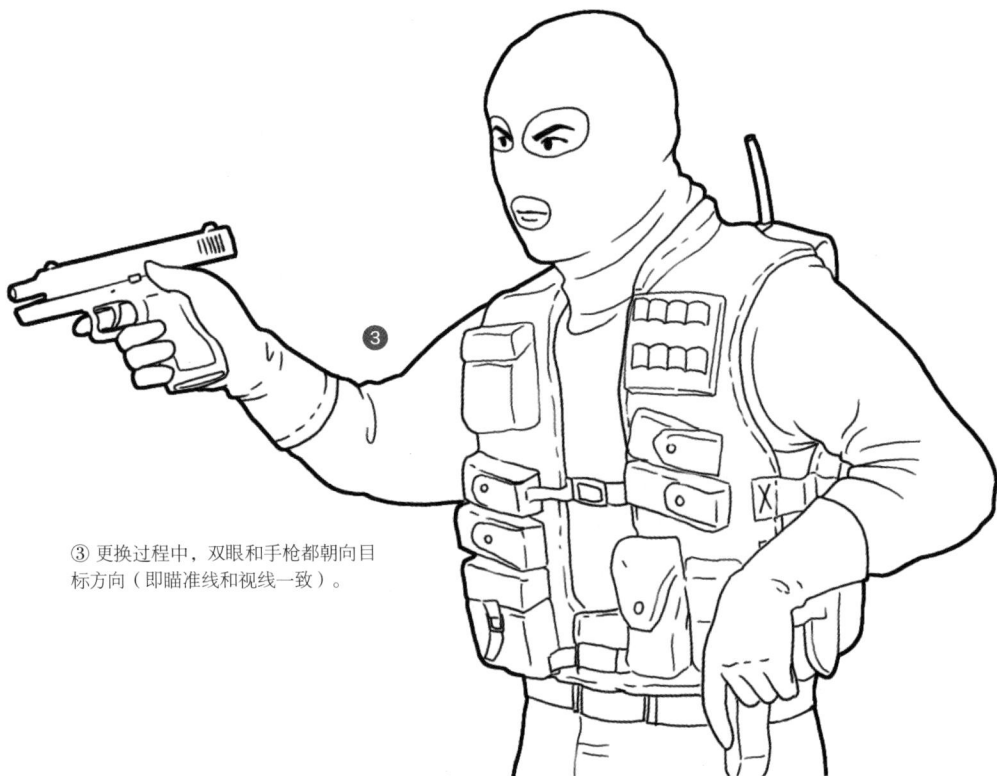

③ 更换过程中，双眼和手枪都朝向目标方向（即瞄准线和视线一致）。

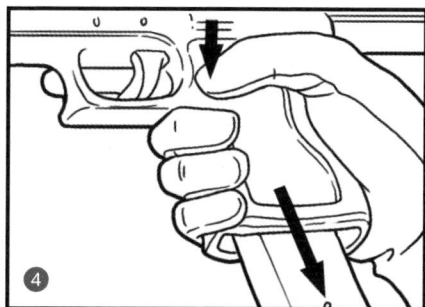

④ 右手拇指按下枪柄上的弹匣释放钮，让空弹匣自由滑落。

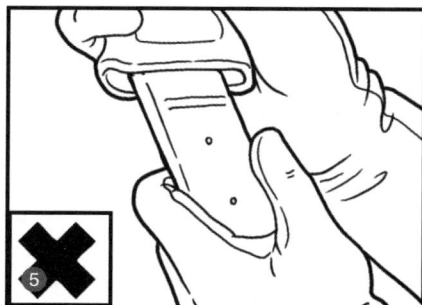

⑤ 由于双眼不能离开目标区域，因此，在装入备用弹匣时，需要盲操作。也正是这个原因，特警队员不能寄希望于直接将备用弹匣推入枪柄，这在大多数时候反而会因操作失误浪费更多的时间。

⑥ 让备用弹匣先靠在枪柄上，然后手持弹匣向后滑动，感觉枪柄口位置。

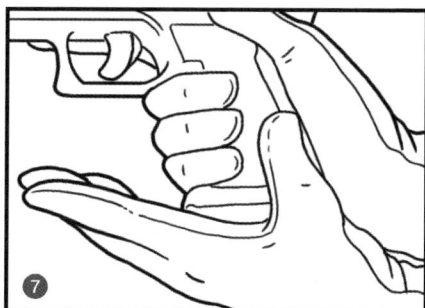

⑦ 感觉到枪柄口后，将弹匣推入枪柄，然后按下空仓挂机卡笋，使套筒复位，子弹上膛。

战术更换程序

　　当并未完全控制现场情况，且随时可能出现危险时，特警队员应该提早主动完成弹匣更换，以应对接下来可能会出现的情况，更换程序如下。

① 视线和手枪朝向可能出现危险的地方。

② 左手抽出备用弹匣。

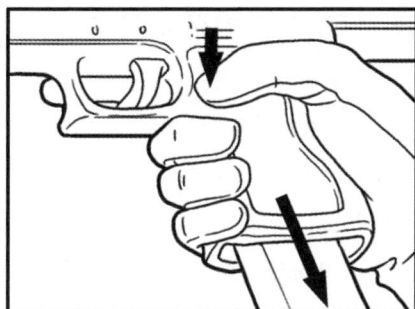

③ 当拿着备用弹匣的左手碰到枪柄底部时，右手按下弹匣释放钮，让弹匣滑落。

④ 当弹匣滑出一半时，用拿着弹匣的左手的中指和无名指将换下来的弹匣夹住（也可用食指和中指），并将其抽出。

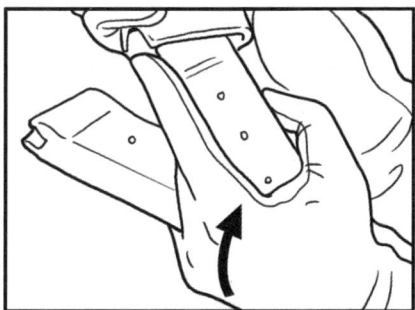

⑤ 转动左手，让备用弹匣顶住枪柄口。

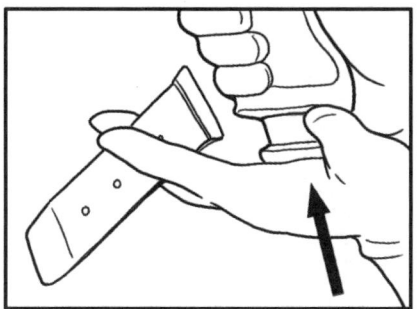

⑥ 将备用弹匣完全推入枪柄中。虽然更换下来的弹匣中还有子弹，但切忌将其放到备用弹匣袋中去，而应放入另外的袋子中。

战斗中的手枪故障排除

即便是最精密的设备都有可能出故障，在恶劣环境下工作的枪械更不能例外。对于正在执行作战任务的特警队员来说，突如其来的枪械故障，可能就意味着将付出失去生命的代价。特警队员除了勤检查和保养自己的装备，还必须学会如何处理紧急情况下的枪械故障。一般来说，手枪故障几乎都是由于弹药失效（哑弹）或弹匣出问题引起的。

以下为常见的手枪故障的紧急处理程序。需要注意的是，处理过程中若没有掩护或掩体物，特警队员必须让视线和瞄准线朝向目标区域。

第一类故障

手枪不能正常击发，造成这类故障的原因主要有以下几种。

● 子弹失效。

● 弹匣没有在正确的位置锁住。

● 撞针损坏。

故障排除步骤如图所示：

① 用左手掌心向上拍打弹匣底部。

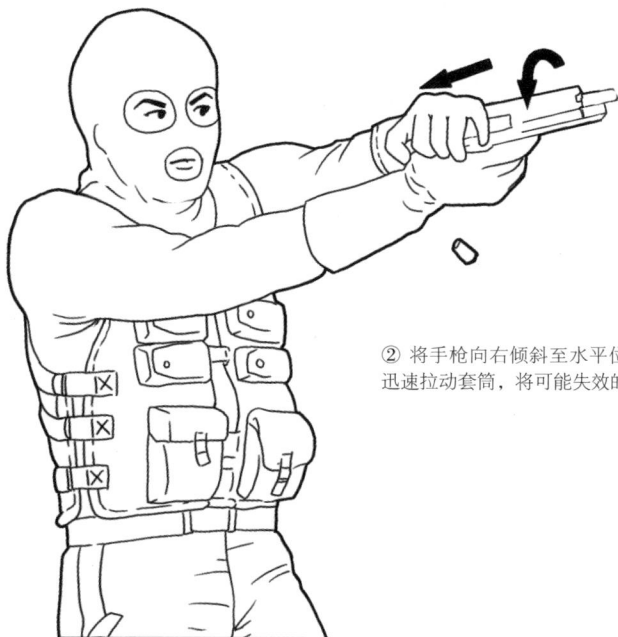

② 将手枪向右倾斜至水平位置，用左手迅速拉动套筒，将可能失效的子弹退膛。

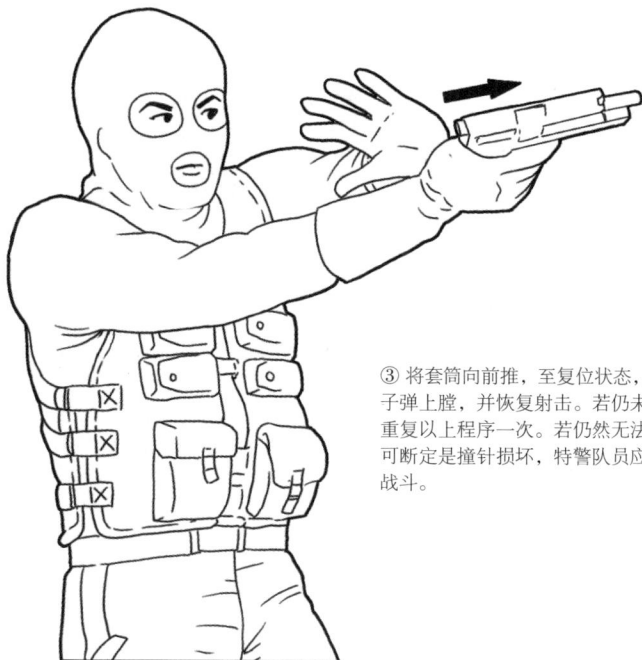

③ 将套筒向前推，至复位状态，使下一发子弹上膛，并恢复射击。若仍未打响，应重复以上程序一次。若仍然无法打响，则可断定是撞针损坏，特警队员应即刻撤出战斗。

第二类故障

手枪击发，但套筒未能后退，弹壳也未能退出。一般来说造成这类故障的原因主要有以下几种。

● 弹匣损坏。

● 退弹钩不正常，对枪机退弹功能造成干扰。

● 套筒复进簧弹力过强，与所使用的弹药不匹配。

排除这类故障的程序与第一类故障的处理方式相同。对于有经验的特警队员而言，完成整个过程只需要 1 秒钟左右的时间。

第三类故障

弹壳闭塞，套筒在复进过程中被卡住，导致下一发弹药未能上膛。

这种情况大多是由于弹匣损坏造成的，通常需要较长时间来处理。射手应立刻寻找隐蔽地点，然后再排除故障。从外观上看，这类故障看似空仓挂机，但有经验的射手能够从套筒的晃动中感觉出两者的区别。

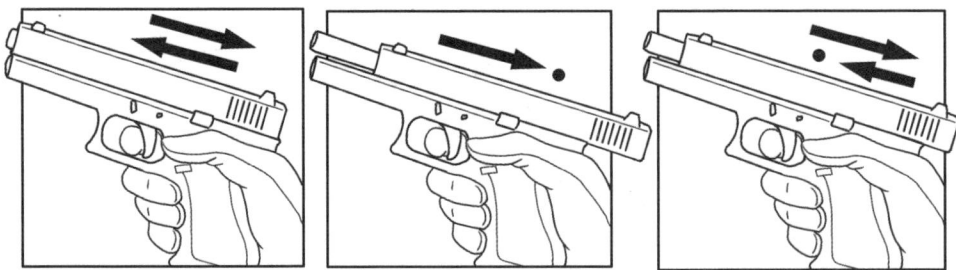

▲ 在正常的射击过程中，射手能够感觉到套筒一进一退间有两次力度相当，方向相反的冲击。

▲ 空仓挂机时，套筒在后坐的过程中被锁定，此时射手只能感觉到一次向后的冲击力。

▲ 当出现第三类故障时，套筒会完成后坐过程，但会在复进的过程中被卡住。此时射手能感觉到向后和向前的冲击力，但向前的冲击力力度不均匀，且两次冲击的时间间隙短于正常状态。

故障排除步骤如图所示：

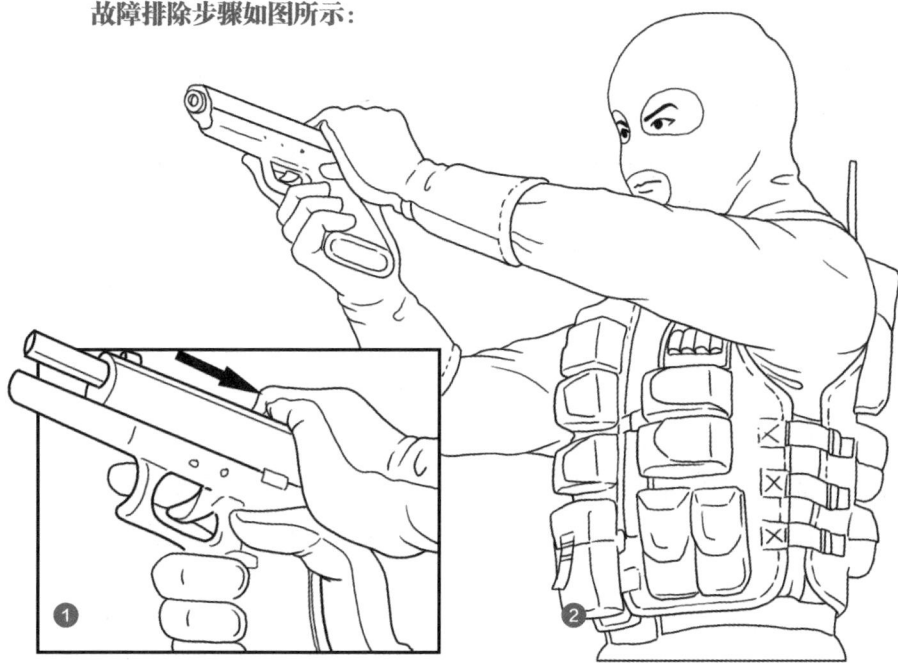

① 将套筒后拉，然后取出弹匣。如果子弹将弹匣卡得很紧，就可能需要花费很多时间来处理。
② 取出弹匣后，用力来回拉动套筒，将留在枪机内的弹药或弹壳退出。

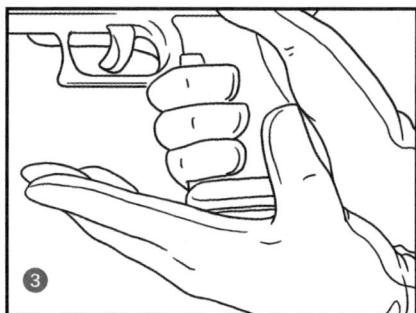

③ 装入备用弹匣。

④ 拉动套筒，让子弹上膛。

第四类故障

这类故障的主要表现为枪膛不能完全锁闭。一般来说，引起此类故障的可能原因如下。

● 枪膛或子弹过脏，各种杂质致使套筒运动不正常。此时，可用手推动套筒运动，完成枪膛锁闭。

● 子弹变形。此时，可按照第一类与第二类故障的排除方法处理，退出变形子弹。

保养

在枪械射击过程中，火药燃烧后会留下一些残留物，而弹头在枪膛内运动时，也会留下一些金属残渣。此外，恶劣环境中的尘土，也是枪内污物的主要来源。这些污物不仅会影响枪械的性能发挥，甚至还会导致枪械无法正常使用，危及射手安全。想要确保枪械始终处于良好的射击状态，那么对枪械的保养是必不可少的。

枪械射击后，应立刻进行保养工作：先将枪械拆解，用碱性清洗液或热水，配以刷子清洗。然后再用抹布擦干，并涂上油脂（所有受到火药烧蚀和运动磨损的部件都应该清洗，并涂抹油脂）。

弹匣是另一个容易引起射击故障的部件——这通常是由于弹匣变形，特别是弹匣口变形引起的。在平时使用时，特警队员除了应避免让弹匣直接掉在硬质地面上之外，还应避免一切容易导致弹匣变形的撞击。此外，特警队员应熟练掌握弹匣更换技巧，减少不当使用带来的非正常磨损，且一旦发现某一弹匣反复出现卡弹问题，就应立刻更换。

手枪在黑暗环境下的射击

在很多时候，特警部队都需要在黑暗环境下作战。对于执法者来说，在黑暗环境下，最大的问题不是瞄准，而是对目标的识别和追踪。

虽然现代微光夜视设备和红外夜视设备在军队中已经使用得较为普遍，但对于特警部队来说，此类设备的实战作用仍然有限。比如黑暗环境并不一定是在夜晚，通常交火时光照强度会大幅变化（在室内场景中发生交火时更是会出现强闪光），在这样的场景中同样不适合使用夜视设备。因此，战术电筒仍然是特警部队必不可少的射击辅助设备。

手枪与战术电筒最好的组合方式是通过专门的战术托架将战术电筒安装在手枪上，以下所讲的是某些情况下手枪与战术电筒分体的握持方式。因为特警队员在使用战术电筒时，需要使用一只手来握持电筒，所以必然会影响手枪握持的稳定性。因此，特警队员需要采用一些特殊的握持方法来解决这个问题。

战术电筒的握持方式

在黑暗环境中使用战术电筒来搜索目标，必然会有暴露自身的可能性出现。因此在整个搜索过程中，特警队员应该充分利用现场的环境光，以及听觉和嗅觉等来检查环境。当大致明确对方方位后，特警队员应先寻找掩体，然后在最后的核实目标和准备射击阶段才突然打开战术电筒，一经确认立即开火（若发现判断错误，则应立刻关闭战术电筒）。任何时候，战术电筒都不能长时间亮起，特警队员应根据需要在短时间内点亮战术电筒，并在熄灭战术电筒的瞬间移动自身位置。此外，为了扩大照明范围，特警队员还可以将战术电筒照向天花板，利用反光将整个房间照亮。

当两人编组执行任务时，可由一人提供照明，另一人掩蔽前进。当歹徒被前进的特警队员发现时，他要么会开火，要么会进行转移。若歹徒选择开火，那么提供照明的特警队员可以从歹徒意想不到的位置发起攻击；若歹徒选择转移，那么提供照明的特警队员则可继续用照明光线追踪歹徒的位置，以便其他特警队员占据有利的射击位。

哈里斯握持法

这一握持法为"反手"握持战术电筒，并支撑持枪的另一只手。其优点是手部姿势稳固，战术电筒照射方向接近瞄准轴线。

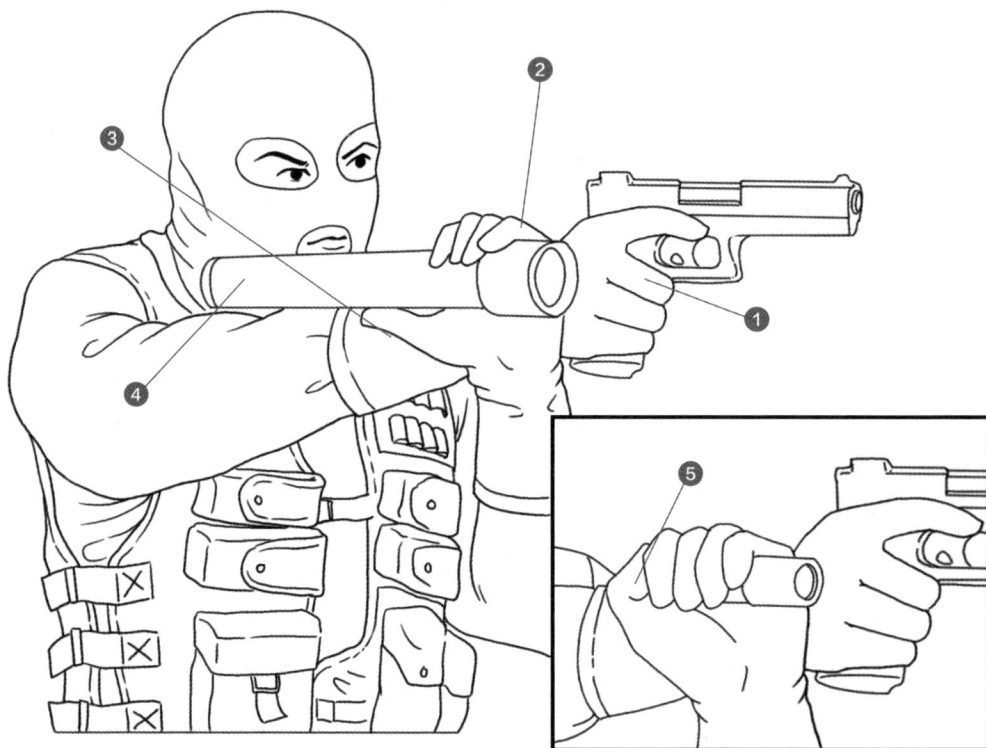

① 右手持枪。
② 左手反手握持战术电筒，拇指压在战术电筒的开关处，并支撑在右手的关节处。
③ 左右手相互紧靠，以稳定手枪。
④ 战术电筒后部紧靠右前臂。
⑤ 使用小型电筒时，拇指压在电筒末端的开关上。

雷·查普曼握持法

这是另一种常用的握持方法。

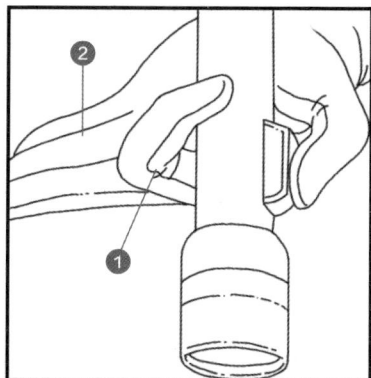

① 左手拇指和食指握住战术电筒。
② 其余三个手指托住持枪的右手。

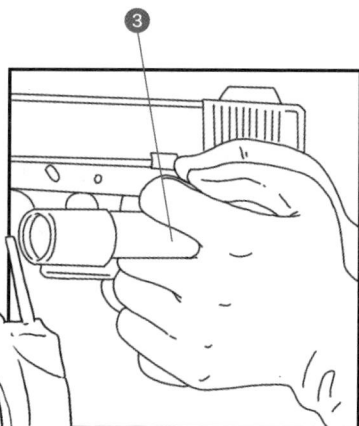

③ 在使用小型电筒时，用食指和中指夹住电筒，用大拇指根部压住电筒末端的开关。

艾奥拔握持法

该握持方法主要适用于在狭小空间内进行照明。这个姿势很简单，让握有手枪和战术电筒的左右手的大拇指相互紧靠——当持枪高度处于胸口高度时，左手握持的战术电筒会略微上翘，若匪徒在近距离出现，则光线刚好照射在他的眼睛上。

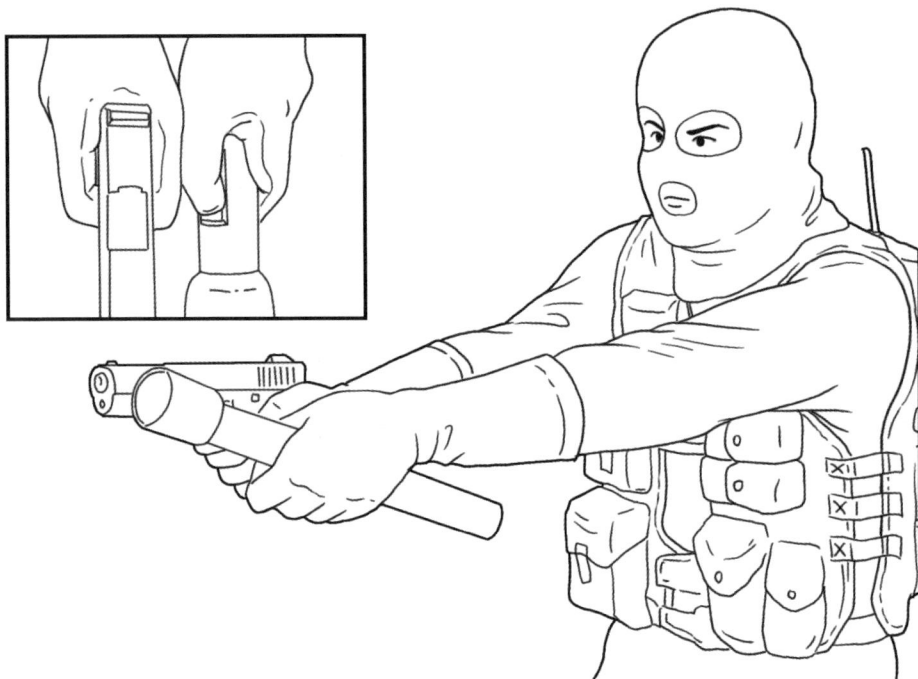

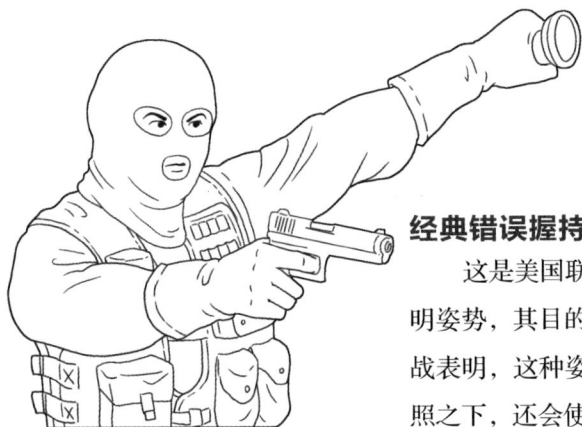

经典错误握持法

这是美国联邦调查局曾经传授的一种射击照明姿势，其目的是降低被匪徒击中的概率。但实战表明，这种姿势不仅会令射手暴露在自己的光照之下，还会使射击姿态不够稳定。

负伤后的战斗

　　特警部队任务的特殊性，使得其队员随时都有受伤的危险，并且有可能因不能及时撤出战斗，而遭到匪徒的持续攻击。因此，特警队员应掌握基本的受伤后的手枪自卫作战技术，以便为队友的营救争取时间。

　　负伤后的战斗技术，分为心理和技术两个方面。心理作用对受伤后的表现影响极大：在极大的压力下，有些人即便中弹，也浑然不知，仍可持续作战较长时间；有些人即便受到的是较为轻微的创伤，也可能很快就崩溃，丧失战斗力。在心理方面，特警队员需要有良好的心理素质，在受伤的情况下，能够迅速对伤势做出初步判断，并告知后援部队。在这个过程中，只要神志清醒，并具有一定活动能力，特警队员就应该时刻准备继续战斗。而技术方面，特警队员则主要应掌握一些非常规姿态的射击、弹匣更换和排除故障等技巧。

左手拔枪

① 可从背后拔出位于右腿侧的手枪。

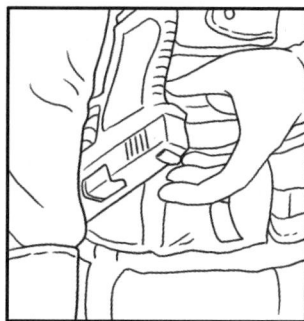

② 若从背后无法拔出手枪，可用左手反手拔出手枪，夹在右手腋下，然后再以正确的姿态握持手枪。

单手排除故障

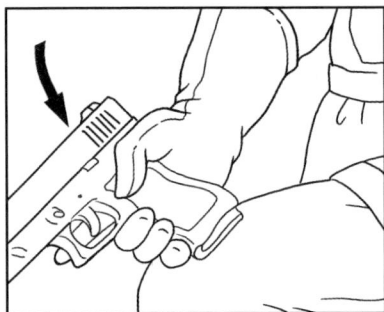

① 在遇到因弹匣不到位而导致的卡弹故障时，可用膝盖来将弹匣顶到正确的位置。

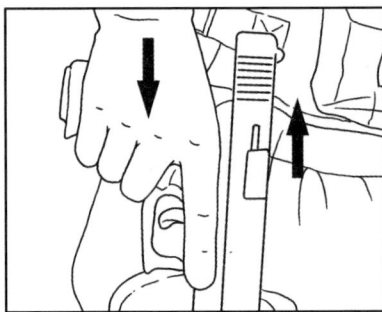

② 当弹壳卡在枪膛内时，可将手枪的后准星或抛弹口卡在腰带上，然后用力向下推枪柄，使得套筒后坐，进而抛出弹壳。

手枪的战术机动

在实战中，交火的双方很少会待在原地进行持续射击。特别是对于担当进攻性任务的特警部队来说，为了牢牢控制住战斗的主动权，必须不断快速推进，并给对手形成巨大的持续压力。

交火中，特警队员可能需要在不同掩体物间快速穿插跃进，也可能需要快速通过危险地域。并且，在大多数时候特警部队作战都是以小组为单位实施的，为应对这些情况，特警队员必须掌握足够的战术技巧和形成良好的默契。否则，不但会危及自身和队友的安全，还会对任务的完成造成不良影响。

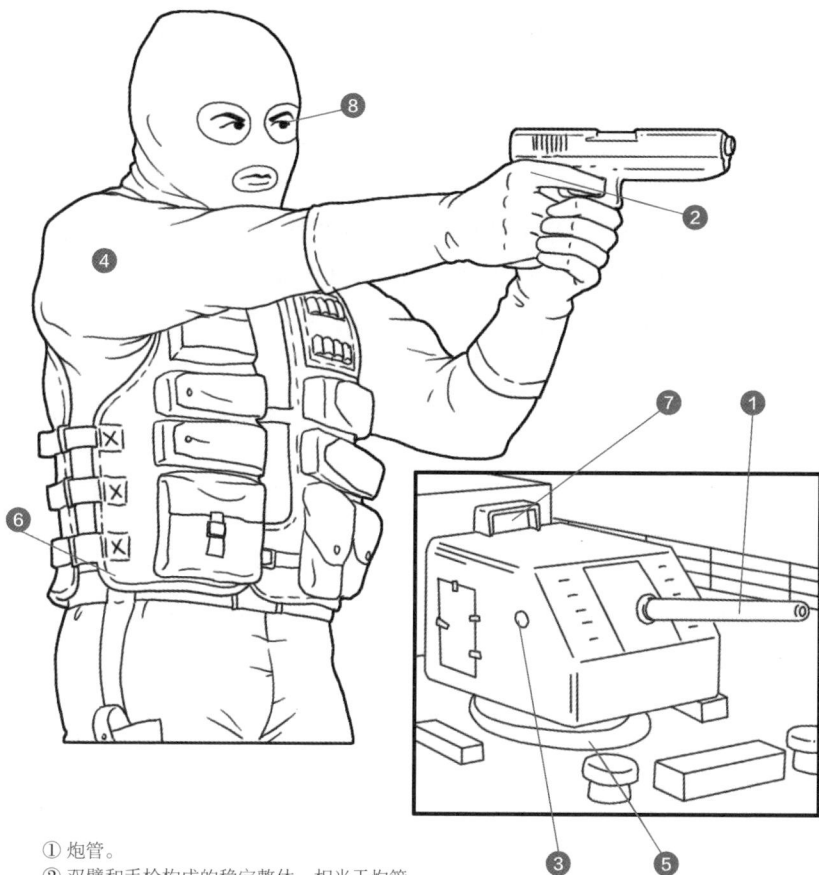

① 炮管。
② 双臂和手枪构成的稳定整体，相当于炮管。
③ 炮耳。
④ 肩关节相当于炮耳，控制握持手枪的手臂俯仰。
⑤ 炮座。
⑥ 腰部等同于炮座，控制手枪的指向。
⑦ 瞄准测距装置。
⑧ 双眼相当于瞄准测距装置，时刻和瞄准线重合。

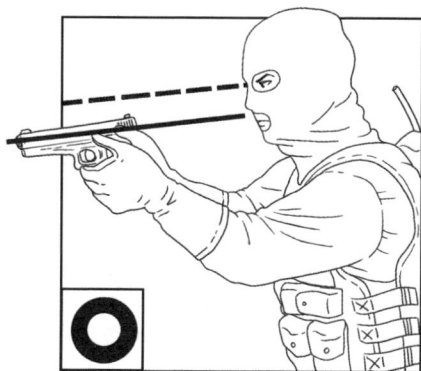

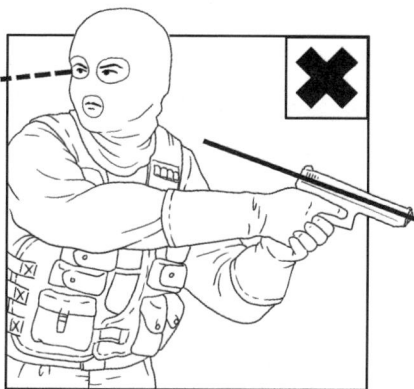

直线运动

此方式通常在预计任务进行的最后开火阶段或交火一触即发阶段采用。在整个过程中特警队员必须不动声色，放轻脚步，并切忌发出任何声音。此外，特警队员切勿使用双脚交替行进的步伐，以免晃动身体，破坏持枪时身体的稳定。

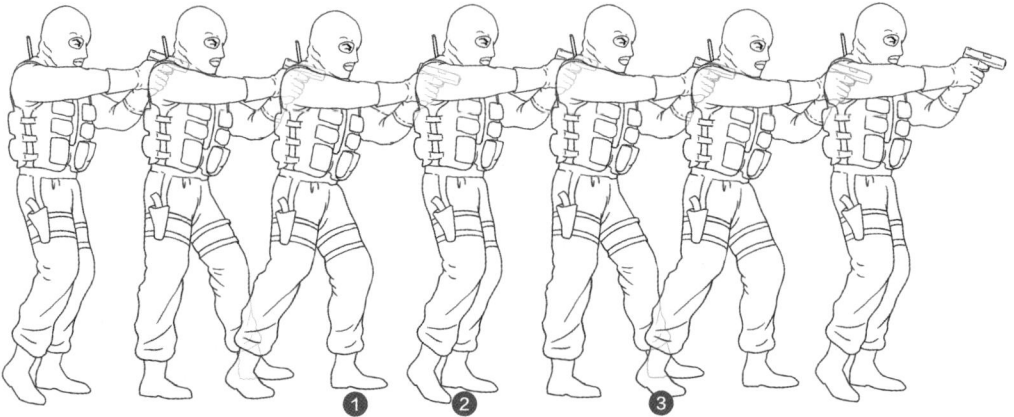

① 左脚向前迈出半步。
② 右脚跟上，在左脚旁稍后处落下。
③ 左脚再向前迈出半步。
然后，左右脚以此方式不断向前移动。

运动中的左右方向射击

在运动中，目标随时可能会出现在左侧或右侧，这时就要求特警队员要向左侧或右侧进行持续的瞄准或射击。需要注意的是，当以双手持枪姿势向左侧或右侧转动时，转动的角度并不相同，向两个方向转动的灵活度是不一样的。

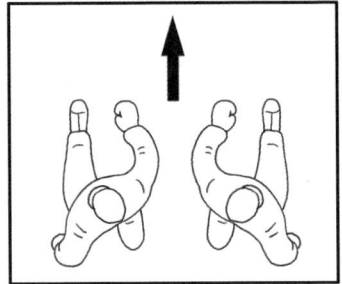

常态下，人体向左右两侧的扭转角度是相同的，介于45°～60°之间。

如在行进过程中采用持枪姿势,人体向左右两侧的扭转角度会有所不同。

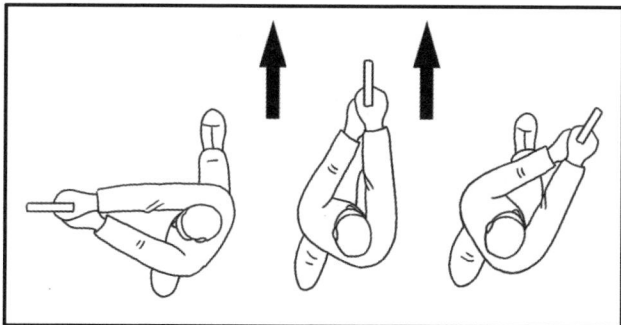

① 当特警队员以维弗尔握法持枪时,以右手为持枪手瞄准正前方,此时,射手的身体实际上是向右侧偏转的,偏转角度大致在45°左右。
② 此时若向前行进(右腿在前),射手可以在不改变行进方向的情况下,任意攻击左侧90°范围内的任意一点目标。
③ 而要攻击右侧目标,射手即便是将持枪姿势改为等腰三角形握法,也仅仅能在右侧大致45°～60°的范围内实施有效瞄准射击。

对于左侧出现的目标,只要目标方向不超过身体左侧90°,射手都可以在维持原有持枪姿势和行进方向的同时,实施稳定与持续的瞄准射击。

对于右侧出现的目标,若目标出现在右侧60°之外,同时特警队员又需要保持原有行进方向,就必须在瞄准射击时调整左脚的运动方向,将身体向右侧移动,在瞄准射击完成后,再回到原来的行进路线上来。

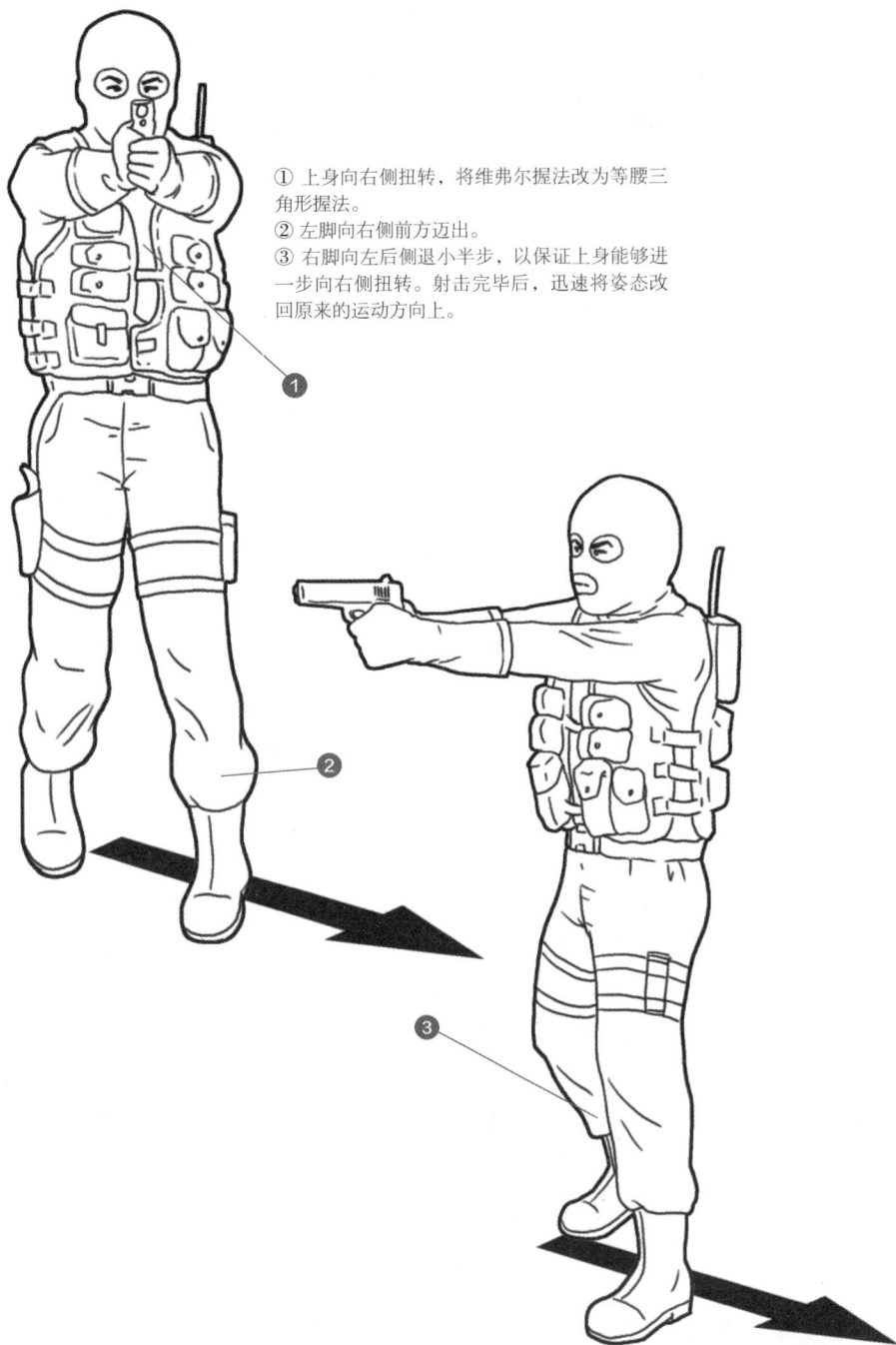

① 上身向右侧扭转，将维弗尔握法改为等腰三角形握法。
② 左脚向右侧前方迈出。
③ 右脚向左后侧退小半步，以保证上身能够进一步向右侧扭转。射击完毕后，迅速将姿态改回原来的运动方向上。

近距离避闪

　　通过前文的叙述，我们可以知道当特警队员右手握持手枪时，对于左侧90°范围内的目标都可以做出迅速的反应，而对于右侧目标的反应则不如左侧快，甚至需要通过调整步伐才能完成瞄准射击。根据这一原理，当特警队员被歹徒在伸手可及的极近距离上用手枪对着时，应该迅速向其右侧躲避（当然，若歹徒是用左手持枪，就应向其左侧躲避）。

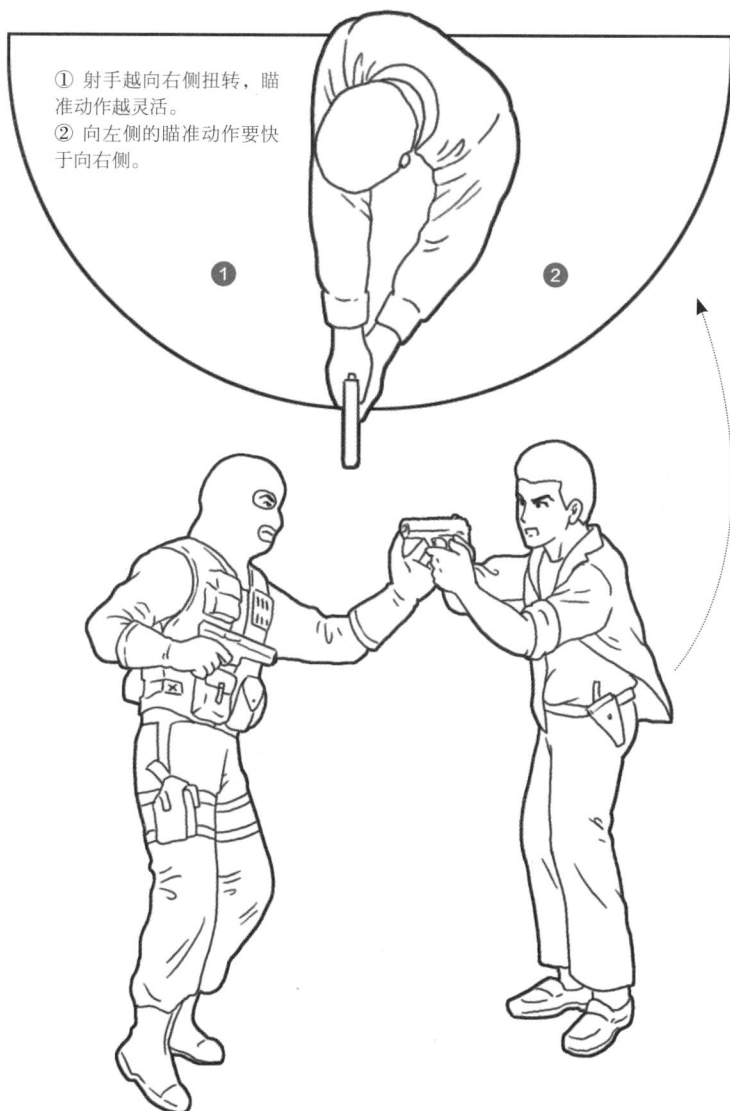

① 射手越向右侧扭转，瞄准动作越灵活。
② 向左侧的瞄准动作要快于向右侧。

特警部队装备最为广泛的手枪

格洛克（GLOCK）系列

格洛克（GLOCK）是由奥地利格洛克公司研制的著名手枪系列。格洛克公司的名字和其同名的手枪系列全部是以英文字母大写（GLOCK）的方式书写的，书写成"Glock"是一种误用。

20世纪80年代，为了满足奥地利陆军的需求，格洛克手枪系列的第一款产品——格洛克17诞生，该手枪使用9毫米鲁格弹，弹匣的容量为17发。格洛克手枪的主要特点是广泛采用了塑料零部件，重量轻且机构动作可靠。

格洛克17广泛采用了特种塑料（聚甲醛），如套筒座、弹匣体、托弹板、发射机座、复进簧导杆、前后瞄准器、扳机、抛壳挺顶杆及发射机座销等均由特种塑料制成，使手枪重量减轻到了625克。此外，格洛克17采用了柯尔特 – 勃朗宁手枪式的枪管偏移式开闭锁结构，借助枪管外面的矩形断面螺纹与套筒啮合连接。格洛克17的勤务性很好，全枪包括弹匣只有32个零部件，用一个销子可在1分钟内将枪分拆。

格洛克17并没有一般手枪的外部保险开关，它用的是由三个组件组成的内部保险机构。当扳机扣下时，内部三个组件的保险会依序地解开，它们分别是：扳机保险、撞针保险和跌落保险。格洛克17的扳机机构类似双动扳机，在被预扣5毫米行程后，锁定的撞针会被释放，呈待击发状态。当扳机再被扣2.5毫米行程后，就能释放撞针打击底火，而且扳机力可根据需要在19.6 ~ 39.2 N之间调整。由于有撞针锁定保险，所以枪外部没有常规的手动保险机柄。格洛克17扳机保险装置有很多优点，首先就是它的使用简便：无须打开保险就能扣压扳机击发，手指离开扳机后手枪就能自动处于保险状态。其次是每次击发的扳机力都是一样的。最后，假如格洛克17掉在地上或者从射手手中脱落，其扳机保险装置能自动归位保险状态，可避免发生走火事故。

正是这些优点，使得格洛克系列手枪相当受执法单位和民间市场的欢迎，尤其在辅以大威力的 .40 S&W 子弹时更是如此。

格洛克系列手枪成功取代了史密斯威森手枪在市场上的主导位置。到目前为止格洛克22是美国境内最受欢迎的警察配枪，并且有超过60%的警员已经在使用格洛克手枪。格洛克手枪能使用各种不同口径的子弹，包括了9毫米鲁格弹、.40 S&W、.357 SIG、.380、10毫米 Auto.45 ACP，以及新型的 .45 GAP（"GLOCK Automatic Pistol" 的缩写）。

关于格洛克手枪系列中的第一支型号为什么是"17"，官方一直未做出说明，目前有三种解释最被大众认可。

第一种解释是广为流传的：因为当时流行的双排手枪弹匣是15发（意大利贝瑞塔92F），而这支手枪的弹匣容量是17发，所以它被命名为"格洛克17"。然而这可能只是巧合：格洛克17的弹匣长度和其他15发容量的弹匣长度差不多，但格洛克17所采用的是"扁钢丝绕制弹簧"，其剖面并不是传统的圆形，所以能在保持相同弹力的情况下减少弹簧压缩时的长度，进而可以多容纳两发子弹。

第二种解释是最多人认可的："格洛克17"源于格洛克公司的门牌号码。因为，曾经有格洛克公司的人对外界宣称"他们以公司的门牌号码'17号'来命名新枪，以庆祝和纪念新枪的诞生"。

第三种解释是：格洛克17是格洛克公司生产的第17种产品。不过，至今尚未有人能罗列出格洛克以前的16种产品。

格洛克（GLOCK）系列手枪

标准型	小型	超小型	比赛型	长（毫米）	高（毫米）	宽（毫米）	枪管长度（毫米）	弹匣容量（颗）	重量（克）
9 毫米 ×19 毫米弹药									
G17				186	138	30	114	17	625
	G19			174	127	30	102	15	595
		G26		160	106	30	88	10	560
			G34	207	138	30	135	17	650
0.40 英寸口径弹药									
G22				186	138	30	114	15	650
	G23			174	127	30	102	13	600
		G27		160	106	30	88	9	560
			G35	207	138	30	135	15	695
10 毫米口径弹药									
G20				193	139	32.5	117	15	785
		G29		172	113	32.5	96	10	700
0.45 英寸口径 GAP 弹药									
G37			.45 G.A.P.	186	140	30	114	10	735
	G38		.45 G.A.P.	174	127	30	102	8	685
		G39	.45 G.A.P.	160	106	30	88	6	548
0.45 英寸口径 Auto 弹药									
G21			.45 G.A.P.	193	139	32.5	117	13	745
		G30	.45 G.A.P.	172	121	32.5	96	10	680
		G36 SLIM	.45 G.A.P.	172	121	28.5	96	6	570
0.38 英寸口径弹药									
	G25			174	127	30	102	15	570
		G28		160	106	30	88	10	529
0.357 英寸口径弹药									
G31				186	138	30	114	15	660
	G32			174	127	30	102	13	610
		G33		160	106	30	88	9	560

GLOCK 17

GLOCK 19

GLOCK 26

GLOCK 34

伯莱塔 92 系列

伯莱塔 92 系列手枪是意大利伯莱塔公司生产的半自动手枪，其采用了闭锁枪机的延迟反冲机构与单动（双动）模式，并使用 9 毫米 ×19 毫米弹药。而伯莱塔 96 型则使用 .40 S&W 弹药，以及改装后的套筒、枪管和弹匣。

伯莱塔 92 系列的设计始于 1970 年，由 3 位主设计师主持，分别为卡罗尔·伯莱塔、维特罗·瓦利和格赛坡·马瑞特，目的是设计一种可靠、安全、容弹量大的高性能军用手枪。1975 年，使用 9 毫米 ×19 毫米鲁格弹药的伯莱塔 92 型半自动手枪正式公之于世，其套筒座采用了航空铝材，这在当时是很大胆的尝试。伯莱塔 92 型采用枪管短后坐式工作原理，通过上下摆动的闭锁卡铁进行开锁和闭锁。与现在我们所熟悉的伯莱塔 92 系列的其他手枪不同，伯莱塔 92 型的手动保险位于套筒座的尾端，而弹匣扣则在握把的后下方。另外伯莱塔 92 型的抽壳钩还兼有指示功能——当枪膛内有弹药时，抽壳钩会在侧面突出并显示出红色的标记，即使在晚上也能通过触摸感觉到。巴西陆军成为首先采用伯莱塔 92 型作为制式手枪的军队。在当时，伯莱塔 92 型的生产时间不长，总产量不足 5000 支——除被巴西陆军采用外，只有极少量被意大利海军的蛙人突击队使用。

1976 年，伯莱塔公司根据意大利警方的要求，为伯莱塔 92 型增加了跌落保险装置。1977 年，增加了这种保险装置的伯莱塔 92 型被重新命名为伯莱塔 92S。伯莱塔 92S 首先被意大利国家警察部门采用，然后被意大利宪兵部门采用，接着就取代了 9 毫米短弹口径的伯莱塔 34 型和使用 9 毫米鲁格弹药的伯莱塔 M1951 手枪，成为意大利军队新的制式手枪。

1978 年，美国空军提出需要一种使用 9 毫米鲁格弹药的新手枪以取代旧式的 M1911A1 手枪。伯莱塔公司根据美国空军的要求，对弹匣扣进行了重新设计，并于 1979 年提交了被命名为 92S-1 的新型号手枪。伯莱塔 92S-1 把弹匣扣改在扳机护圈与握把相连的位置上，其弹匣可以用拇指解脱。而为了让左撇子射手也能使用，枪的两侧都设有弹匣扣。此外，伯莱塔 92S-1 还在握把上增加了凹槽防滑纹，并增大了机械瞄具以方便快速瞄准。另外伯莱塔公司还试制了一种采用13发短弹匣的92S-1紧凑型，这成为日后92系列紧凑型的鼻祖。

1980年，美国空军开始对参加对比测试的各型9毫米口径半自动手枪进行评估。与此同时伯莱塔公司根据警察和军队的反馈对伯莱塔92S进行了改进，推出一种增加了撞针保险装置的新型号，并将之命名为伯莱塔92SB。这种新的撞针保险装置能始终卡住撞针以避免意外击发，只有在扣动扳机时保险装置才会释放撞针，伯莱塔公司把这个新的保险装置也应用到正在美国进行对比试验的伯莱塔92S-1上。1980年年底，美国空军正式宣布试验结束，伯莱塔92S-1胜出，但美国陆军却对空军的试验结果提出了质疑。

美国陆军强调美国空军在可靠性试验中"使用了错误的泥浆类型"才导致伯莱塔手枪胜出，因此美国国防部接受了美国陆军的要求并开始进行一系列新的更为苛刻的试验。由于这次试验的标准制订得过分严格，以至于所有参加试验的手枪都不合格。但即使在这样的情况下，伯莱塔92SB仍然是在这次试验中表现得最好的一支手枪。

在试验期间，美国多个州的执法单位开始采用伯莱塔92SB，康涅狄格州的州警察成为伯莱塔92SB的第一个也是最大的一个美国客户群。而在意大利，伯莱塔92SB也取代了警察和宪兵最初使用的伯莱塔92S。另外，伯莱塔公司开始在意大利民用市场上推出伯莱塔98型——这种伯莱塔92SB的缩小型手枪使用的是7.65毫米 ×22毫米鲁格弹药。

1982年5月美国军方制订了新的试验计划，但这一轮的对比试验仍然没有手枪能通过，不过伯莱塔手枪的表现仍然最好。在此期间伯莱塔公司继续发展伯莱塔92SB的新型号，首先是92SB紧凑型（92SB Compact），然后是更为紧凑的92SB紧凑M型。92SB紧凑型和92SB紧凑M型都使用9毫米×19毫米子弹，枪身的长度也一样，区别在于92SB紧凑型采用13发容弹量的双排弹匣，而92SB紧凑M型则采用8发容弹量的单排弹匣以减小握把的宽度（此后所有被称为"M型"的伯莱塔手枪都采用这种单排弹匣）。同年伯莱塔公司在欧洲民用市场上推出另一种采用7.65毫米鲁格弹药的99型，与同样口径的98型的区别在于99型采用单排弹匣和较薄的握把。

1983年，美国三军轻武器规划委员会再一次委派陆军进行新的手枪试验计划，该计划名为XM9-SPT（SPT是"制式手枪试验"的缩写）。伯莱塔公司对伯莱塔92SB进行了改进，并将新品命名为伯莱塔92SB-F。伯莱塔92SB-F主要把扳机护圈前端改成了内凹的形状，并增加了防滑纹——这些改进是为了让士兵在使用消声器时，便于双手稳定持枪。伯莱塔公司用92SB-F参加试验后，又觉得这个名称太长，于是重新将其命名为伯莱塔92F。此外，伯莱塔公司还在生产工艺上对伯莱塔92F进行了改进，包括枪管内膛镀铬，以及在枪管表面进行了特殊工艺处理（处理后会呈现磨砂黑色表面的效果）。

1984年年初XM9-SPT计划正式开始，试验内容包括了弹道性能、耐用性、射击精度与在恶劣环境下的可靠性等，该试验于1984年9月完成。1985年1月14日，美国陆军正式宣布伯莱塔92F胜出，并将其命名为M9。在这次试验中有两种武器成功通过了试验，一种是伯莱塔92F，另一种是SIG SAUER P226——最终伯莱塔92F获胜的原因在于价格相对便宜。据推测，美国军方考虑的价格是每支枪不含弹匣的基本价格为180美元，全寿命成本为240美元，采购单支价格超过250美元的手枪是基本不可能获得国会的批准的。最终，伯莱塔公司中标的价格是不含弹匣的每支枪价格为178.5美元，全寿命成本的平均价格为237美元（其中每支枪含4个弹匣，每10支枪配有一套除套筒和枪底把以外的全部备件）。

1985年4月10日，在美国马里兰州的伯莱塔美国公司正式获得了美军一份价值约7500万美元的合同。在伯莱塔美国公司开始着手为生产M9手枪而置办机器设备的同时，意大利伯莱塔公司已开始生产M9手枪。在这一年里，伯莱塔92F也开始在商业市场和军用市场上销售，另外还有一种使用9毫米×21毫米IMI子弹的伯莱塔98F手枪开始在意大利民用市场上销售——它与98型完全不同，但仍属于标准型尺寸的手枪。此外，伯莱塔公司还推出了伯莱塔92F 紧凑型和伯莱塔92F 紧凑 M 型。虽然此时，伯莱塔公司仍在意大利生产伯莱塔 92SB，但只是为了完成意大利国防部的订单而已。

在意大利的枪械管理法规中有规定明确表示平民不能合法拥有使用 9 毫米 ×19 毫米弹药的枪械，这项法规是墨索里尼政府时期制定的——因为 9 毫米口径鲁格弹药是当时威力最大的手枪弹。虽然现在的意大利政府对民间枪支管理得比较宽松，但却始终没有废止这项规定，结果就出现了一个滑稽的现象：意大利公民可以合法拥有比 9 毫米 ×19 毫米弹药威力更大的手枪，就是偏偏不能拥有使用 9 毫米 ×19 毫米弹药的手枪。伯莱塔 98 和伯莱塔 98F 都是为了绕开使用 9 毫米 ×19 毫米弹药而生产的意大利本土民用型手枪。

1986 年，法国国家宪兵队开始对伯莱塔 92F、西格绍尔 P226 和瓦尔特 P88 进行对比试验，与此同时伯莱塔 92F 在国际市场上也不断取得成功。在美国洛杉矶地区的两大警察局——洛杉矶市警察局（LAPD）和洛杉矶县警察局（LASD）也跟随美国军方的选择，决定采用伯莱塔 92F 作为警察的标准佩枪，这一举动掀起了美国警用手枪从左轮手枪转向大容量半自动手枪的浪潮。一时间，美国许多执法机构也开始选择意大利生产的伯莱塔 92F。

1986 年 6 月，美国军方宣布计划再订购 124000 支 M9 手枪，总价值近 2000 万美元。眼红的史密斯威森公司继续孜孜不倦地游说国会议员，企图阻挠第二份 M9 手枪合同，并要求军队再次招标和试验。

1987 年 7 月 7 日，法国国防部部长正式宣布法国国家宪兵队采用伯莱塔 92F，MAS 公司获得意大利伯莱塔公司的生产许可，开始了 110000 支伯莱塔手枪的生产。

1988 年，伯莱塔公司不仅推出了专为收藏家生产的不锈钢型伯莱塔 92F、为大口径手枪比赛射手设计的伯莱塔 98F 比赛型，还同时在美国提供了可以把标准伯莱塔 92F 转换成伯莱塔 92F 比赛型的转换套件。同年，新交付的 M9 出现了套筒断裂事故，并导致 3 名海豹突击队员面部受伤，这一事件给了反对者以口实，他们借此成功说服美国国会推迟了第二份 M9 手枪合同的确定。1987 年秋，美国军方又进行 XM10-SPT 试验，并在 1988 年春天开始新一轮的手枪对比试验，但伯莱塔和西格绍尔拒绝提供样枪参加试验，导致第一轮的 XM10-SPT 试验流产。

1989 年，第二轮 XM10-SPT 试验开始，伯莱塔公司认为用自己批量生产的手枪同其他公司的样枪进行对比很不公平，仍然拒绝参加试验。但是美国陆军从验收合格的工厂交货中随机选择了 30 支 M9 手枪送去参加试验。结果出乎很多人的意料，这 30 支 M9 手枪在试验中全面击败了鲁格公司和史密斯威森公司精挑细选出来的样枪，史密斯威森 M5904 手枪更是在所有性能上都败给了 M9 手枪（特别是在精度方面表现相差甚远）。至此，国会对装备 M9 手枪再无异议。美国陆军在 1989 年 5 月 22 日把一份新的合同给了伯莱塔美国公司（共 57000 支 M9 手枪，价值约 990 万美元）。这份合同引起的连锁反应就是使得伯莱塔公司成功地获得了一系列美国国防部的其他合同，为美国陆军、海军、空军、海军陆战队和海岸警卫队生产了约 500000 支手枪。

至于 M9 套筒断裂的事故，虽然根据伯莱塔的官方解释，是由于有人使用了高压弹的缘故，但事实上套筒断裂主要与其所用的钢材缺乏韧性有关。后来伯莱塔改用了质量更好的材料，就再也没有发生过类似的事故。但在当时为了应付美国陆军对提高安全性的要求，伯莱塔公司在 1988 年为 M9 增加了一种套筒阻挡装置——这实际上是个放大了的击锤转轴，当套筒发生断裂时，这个部件会卡住断裂的套筒使其不会飞出去。伯莱塔公司把装有这种装置的 92F 命名为 92FS，而伯莱塔 92F 就等于实质性停产了。

1990 年，为了适应美国警察部门以大容量半自动手枪替换左轮手枪的趋势，伯莱塔美国公司根据执法机构的需求，推出了新设计的 92 系列手枪，包括：伯莱塔 92G、伯莱塔 92D（没有手动保险的纯双动型）和伯莱塔 92DS（有手动保险的纯双动型）——后两种纯双动型手枪都采用了不外露的短击锤设计，以避免使用者不小心扳动击锤。1990 年年底，法国军方决定用 PAMAS G1（伯莱塔授权 GIAT 生产的 92F) 代替原来装备的 MAC50 手枪,并订购了 350000 支。

1991 年,意大利伯莱塔公司又研制和试验了一种新的 0.40 英寸(约 10.16 毫米)S&W 口径的 92 系列手枪,并命名为伯莱塔 96。由于 0.40 英寸 S&W 口径的流行,让伯莱塔 96 的销售量也变得相当大,成了伯莱塔 92 系列 的另一重头产品。这一年,伯莱塔美国公司收到了许多在"沙漠盾牌"和"沙 漠风暴"行动中使用 M9 手枪的美军军官的私人感谢信,内容大多是对 M9 手 枪表达了赞美之词并希望伯莱塔公司继续取得进步。

1992 年,伯莱塔公司继续推出 92 系列的新型号,包括标准枪底把和短 套筒的"百夫长"(Centurion)紧凑型(有 92FS 百夫长型和 96 百夫长型两种)、 加长枪管并有枪口配重的"战斗"(Combat)型(有 92FS 战斗型和 96 战斗 型两种),以及为 IPSC、IDPA 等实用比赛选手生产的"把手"(Stock)型(有 92C、98C、96C 三种)。

1993 年,伯莱塔公司又推出准将型(Brigadier)——最初是为美国出入 境管理和移民归化局专门生产了 96D 准将型,后来又在商业市场上推出了 92FS 准将型和 96 准将型。

从 20 世纪 80 年代末到 90 年代初,伯莱塔 92 和 96 系列手枪在市场上一 帆风顺,92FS 或其他 92 系列型号及一系列仿制品被美国、巴西、智利、埃及、 法国、意大利、墨西哥、西班牙和英国等许多国家的军队和执法机构所采用。

然而,尽管伯莱塔 92 系列手枪在 20 世纪 90 年代取得了空前的成功,但 实际上伯莱塔公司在 92 系列的发展上几乎是裹足不前。因为意大利人十分清 楚,92 系列已经无法在性能改进上再做出质的飞跃,因此他们唯一的任务就 是保证第一流的生产质量,并且尽量少改动,避免因为改进失败而自毁声誉。 所以即使在 0.40 英寸 S&W 口径十分流行的时代,伯莱塔公司也是花了很长 时间才小心翼翼地在市场上推出伯莱塔 96,即使在 1999 年为实用比赛射手而 生产的"精英"(Elite)系列这样的 92G 变型枪上,也只是稍稍进行了一点 改变。对于客户提出的伯莱塔 92 系列的主要问题——握把尺寸偏大,伯莱塔公司采用了推出其他型号的解决办法。然而这种市场策略并不成功，因为人们还是喜欢伯莱塔92系列。无法接受伯莱塔92系列握把尺寸过大的人并没有像伯莱塔公司所期望的那样去购买8000系列的"美洲狮"（Cougar）型，这最终导致伯莱塔公司失去了紧凑型手枪的市场——西格绍尔P228乘虚而入，美军将西格绍尔P228定名为M11紧凑型手枪，并大量订货。曾经因为套筒断裂事故而拒绝使用M9的海豹突击队后来也订购了1800支92FS准将型，这是因为Mk23 MOD 0的性能虽好但却不实用，当时只有伯莱塔92系列可以使用又大又重的高效消声器。然而随着消声器技术的进步，同样效果的消声器重量大为减轻，现在美国海军大量采用经过改进并增加了附件导轨的西格绍尔P226，并将之命名为Mk24 MOD 0。

2000年，伯莱塔美国公司对92系列进行了重大改进，并在2001年推出一种名为"韦尔特克"（Vertec）的新型号手枪。尽管韦尔特克型的全枪尺寸与伯莱塔92及96系列相差无几，在射击精度、可靠性和容弹量等方面也没有变化，但却重新设计了握把，让手掌小的人也能运用自如。而且这种新握把还经过了一些著名的射手的反复测试，以确保其符合人机工程学，使手枪的指向性与人手的自然指向相符（在格洛克系列手枪之后，"指向性"成了评价手枪的重要指标之一）。此外韦尔特克型还紧跟潮流，采用了整体式的附件导轨，在当前这个流行"战术"的年代，不管是军用市场、警用市场还是民用市场，新生产的枪械都可谓是"无导轨不成'战术'"，能够方便安装各种流行的战术灯或激光指示器便成了手枪市场上一个非常重要的卖点。

除了上述两点，伯莱塔韦尔特克型还有如下改进：在握把侧片的不同的部位分别采用了两种不同形式的防滑纹，在需要用力紧握的部位采用摩擦力大的网格状防滑纹，在需要手指活动的部位采用摩擦力较小的颗粒状防滑纹；在标准的92和96系列手枪的套筒上重新设计了准星，使其可以调整或更换；采用伯莱塔"精英"系列的长度为119毫米的不锈钢枪管，枪口与套筒前端基本平齐；扩大弹匣口，使更换弹匣的速度更为迅速；取消了握把底部的绳环。

现在，伯莱塔公司开始把韦尔特克系列的技术运用到其他型号上，一些原有的型号开始采用有导轨的新套筒座，使不管是喜欢旧型号还是新型号的用户都多了一个选择。例如新生产的伯莱塔92G-SD就采用了韦尔特克型的附件导轨，而2004年新推出的92（96）比赛型钢-1（Steel I）系列则采用了韦尔特克型的新握把。

伯莱塔92F

伯莱塔92FS

西格绍尔 P226

西格绍尔（SIG Sauer）是德国的一家枪械生产商，为瑞士军火（Swiss Arms）的合伙公司，在西格绍尔将其轻武器分部西格军火（SIG Arms）卖给瑞士军火后，其合作产品至今仍然以"SIG Sauer"作为商标。

西格绍尔 P226（以下简称 P226）是一种单（双）动击发的半自动手枪，最初只能使用 9 毫米 ×19 毫米的弹药，但从 1996 年开始推出了新的采用 .40 S&W 和 .357 SIG 弹药的型号。

P226 原本是为 20 世纪 80 年代初期参与美国 XM9–SPT 手枪竞争计划而设计的，竞争的优胜者会成为美军新的制式武器。最后竞争中意大利伯莱塔 92F 手枪（美军命名 M9 手枪）取胜，除了伯莱塔 92F 外，只有 P226 被评为"技术上可接受"。伯莱塔取胜的原因是价格上的优势（据说 P226 性能表现最好），而此后几年 P226 很不走运，几次参加武器招标，每次都名列前茅，但每次都被伯莱塔手枪在最后凭借更为便宜的价格挤出局。

尽管 P226 因为价格问题在军方的采购中落败于伯莱塔 92F，但却因表现最

好而受到执法机构和特种作战单位的青睐。在美国，联邦调查局（FBI）、财政与犯罪研究局（IRS/CID）、能源部等联邦机构，还有多个州或地区性警察局的普通警员与特警队都采用了 P226 手枪。而许多特种部队也喜欢使用这种优秀的辅助武器，包括英国 SAS 和美国海军海豹突击队。

P226 的第一个原型在 1980 年生产，早期的原型实际上只是相当于把 P220 手枪改为双排弹匣供弹——与之前的 P220 相比，其主要改进就是增大了弹匣容量（标准的 P226 弹匣容量为 15 发弹）。除弹匣外，P226 的另一个改进就是两侧都可以使用的弹匣扣，P226 可以不改变握枪的手势就能直接用拇指操作弹匣解脱扣。而如果射手是左撇子，该弹匣卡笋也可以反过来安装使用。P226 的射击精度很高，除了扳机力之外，还有一个原因是闭锁块的设计——P226 的开锁引导面比 P220 的稍长，这使得 P226 开锁时枪管偏移的时间会比 P220 稍迟一点点，因此射击精度更高。

M1911 系列

在现役手枪中，虽然 M1911 系列已经是一个很古老的系列，在整体性能上已无法与格洛克系列、伯莱塔 92 系列、西格绍尔 P226 等手枪相比，但在北美仍然具有极大的影响力。在美国，差不多所有有能力生产手枪的生产商都有推出过原装 M1911A1 或自行改良的版本。美国的一些执法机构也有乐于沿袭使用该系列的传统。

洛杉矶警局定制的LAPD SWAT CUSTOM II

第七章

冲锋枪技战术

特警作战与冲锋枪

冲锋枪是特警部队的主要武器，这是由特警部队的近距离、狭小地域、高强度和有限杀伤的任务特性所决定的。特警部队在发展初期通常使用突击步枪作为主要武器，但在实战中却发现突击步枪并不适合，主要表现在以下几个方面：

● 突击步枪尺寸过大。对于多数时候在建筑物密集区和建筑物内部作战的特警部队来说，携带这样的武器会让行动十分不便。

● 突击步枪弹药威力过大。特警部队绝大多数时候都是实施近距离作战，并且要考虑附带伤害问题，而现代军用突击步枪通常的战斗距离为200～400米，但即便在距离为800米时仍然具有杀伤力，过剩的威力使得弹头的动能过大，穿透力过强，容易造成周边无辜者的伤亡。

● 突击步枪后坐力过大，在密集射击时，射击精度无法保证。而特警部队在进行突击时，往往需要密集与相对精准的火力支持。

● 突击步枪需使用专用弹药，这增加了特警队员携带弹药的种类。

虽然现代小口径突击步枪也发展出了缩短的卡宾型，其便携性和弹头停止作用都有了极大提高，但仍不能完全代替冲锋枪。冲锋枪和突击步枪最大的差别在于弹药：突击步枪使用的是中间型威力枪弹，冲锋枪使用的是手枪弹——所谓中间型威力枪弹是指其威力介于常规大威力步枪弹（狙击步枪弹药、机枪弹药）与大威力手枪弹之间的弹种。弹药的差异，导致两种武器在尺寸、重量、后坐力、射速和弹头停止作用等方面拥有诸多不同。

●冲锋枪具有更小的尺寸。其长度多在 600 毫米以下，一些微型冲锋枪的长度甚至与大尺寸的手枪差不多，而常见的突击步枪长度通常在 800 毫米以上，即便是缩短型的突击步枪和卡宾枪，它们的长度大多也在 700 毫米以上。

●冲锋枪弹药的停止作用好。由于使用手枪弹药，因此其弹药的穿透能力有限，有效杀伤距离同样有限。

●冲锋枪的后坐力小，枪口跳动势能也小，这确保了其在高速连续射击时的弹着点密集程度。

●由于冲锋枪使用手枪弹药，所以能让特警队员的弹药携带种类相对较少——其弹药具有通用性。而冲锋枪的枪管长度比手枪要长，在使用同种弹药的情况下，其杀伤威力也更大。这就使冲锋枪和手枪形成了一个良好的火力搭配。

●冲锋枪射速高，这对特警作战来说很重要。

特警部队对冲锋枪的要求，主要表现在以下几个方面：

●结构简单、使用可靠、保养维修容易和零配件供应充足。

●制造工艺精良，射击精度高。

●所使用的弹药型号与已装备的手枪弹药型号相同。

●扩展能力强，能够方便地加装扩展设备，并且有大量标准扩展件可选。

●已经过长时间的实践检验，且有极好的口碑。

特警部队装备最为广泛的冲锋枪

MP5 系列

MP5 系列是由德国黑克勒 – 科赫（Heckler & Koch，以下简称 H&K）所设计制造的冲锋枪。该系列冲锋枪被许多国家的军队、安保部队、执法部队选择作为制式枪械，具有极高的知名度。

标准型的 MP5 发射 9 毫米口径的鲁格弹，采用工程塑料固定枪托或金属伸缩枪托，配 15 或 30 发弹匣，它的扳机有多种发射选择模式，包括连发、单发、两或三发长点射。MP5 的原型设计来自 1964 年以 HK G3 的设计缩小而成的 HK54 冲锋枪项目（Project 64），其中 5 代表 H&K 的第五代冲锋枪，4 代表使用 9 毫米 × 19 毫米子弹，西德政府采用这一设计后将其正式命名为 MP5。

因优秀的设计及高可靠性，MP5 一经推出，便成为许多国家的军队、执法部队及安保部队的制式冲锋枪。此后，H&K 也将之不断改良及开发出更多不同版本，包括著名的 MP5K（缩短版）、MP5K–PDW（个人防卫武器版）、半自动民用型及为私人安保部队设计的公文包枪（公文包内藏 MP5K，可由公文包提把上的扳机发射）等共 120 多种版本。在 1990 年后期，H&K 更推出了为特定用户开发的 10 毫米口径 Auto 及 S&W 版本。自 20 世纪 70 年代以来，MP5 系列一直保持着其用户数量第一的冲锋枪市场领导地位。

MP5 冲锋枪以可靠性及高命中精度而闻名。传统的冲锋枪普遍采用自由式枪机与直接反冲式闭锁方式，存在射击时枪口跳动较大和准确性不佳等缺点。而 MP5 采用 HK G3 系列结构复杂的闭锁枪机，且采用传统滚轴闭锁机构来延迟开锁，射击时枪口跳动幅度较小——它所采用的滚轴延迟反冲式（Roller–delayed blowback）技术源自 20 世纪 40 年代中期德国的 StG45(M) 及后来的 CETME 步枪（G3 的原型）。

◀ MP5A3

◀ MP5A4

◀ MP5N

▲ MP5K

▲ MP5SF

▲ MP5SD3

MP5 系列主要的原厂型号

MP5A1	可安装附件的枪口、海军版扳机，SEF。
MP5A2	固定枪托、海军版扳机，SEF。
MP5A3	伸缩枪托、海军版扳机，SEF。
MP5A4	固定枪托、可三发长点射扳机版。
MP5A5	伸缩枪托、可三发长点射扳机版。
MP5SFA2	SF 代表单发，移除连发功能、固定枪托。
MP5SFA3	MP5SF 的伸缩枪托版。
MP5N	专为美国海军研制的型号（N 代表海军），装有海军版专用 SEF 扳机。前护木有金属防滑纹，防海水腐蚀，三叉型枪口可安装消声器，伸缩枪托。
MP5F	专为法国军队及警队研制的型号（F 代表法国）。为了降低射击时后坐力带来的不适，特别在枪托底部装有软塑料护板，前护木上有防滑纹。
MP5K	超短型的 MP5（K 代表缩短型，德文称为 Kurz）——装有前握把，全长只有 325 毫米，SEF。
MP5KA1	装有简易片形照门的 MP5K，SEF。
MP5KA4	MP5K 的可三发长点射版。
MP5KA5	MP5KA1 的可三发长点射版。
MP5K–N	专为美国海军制造的型号，装有海军版专用扳机，防海水腐蚀，三叉型枪口可装上消声器，没有枪管。SEF。
MP5K–PDW	个人防卫武器(Personal Defense Weapon)，加装折叠枪托，可装上消声器的三叉型枪口，可三发长点射，1991 年首次推出。
MP5SD1	原厂制造的整体枪管消声器型号（SD 代表消声型号），固定枪托，SEF。
MP5SD2	装有整体枪管消声器，固定枪托，海军版扳机，SEF。
MP5SD3	装有整体枪管消声器，伸缩枪托，海军版扳机，SEF。
MP5SD4	MP5SD1 的可三发长点射扳机版。
MP5SD5	MP5SD2 的可三发长点射扳机版。
MP5SD6	MP5SD3 的可三发长点射扳机版。
MP5SD–N	MP5SD 的海军版本，拥有 KAC 护木，不锈钢整体枪管消声器，伸缩枪托。
MP5/10	专为美国 FBI 制造的型号，发射 10 mm Auto 弹药，只在 1992 年至 2000 年生产。
MP5/40	发射 0.40 英寸口径 S&W 弹药，只在 1992 年至 2000 年生产。
HK94	美国本土发售的民用型版本，只能单发射击，拥有保险扳机，采用 16 英寸枪管。只在 1983 年至 1989 年生产，有三种不同版本。
SP89	只可单发射击的民用型 MP5K 版，特别制造的前护木符合美国在 1989 年的法令，只在 1989 年至 1994 年生产。
HK54	20 世纪 60 年代中期的 MP5A1 原型版。

注：1：SEF 代表可连发与单发，采用保险扳机，伸缩枪托为金属材质，固定及折叠枪托使用工程塑料材质。
2：除了这些原厂型号，还有一些仿制型号。
SW5/SWA5/SW45：美国 Special Weapons 的仿制型号，内部结构有些不同。
MPT9/MPT9S/9 mm LIGHT：伊朗 DIO 的 MP5 与 MP5K 仿制型号。

乌兹系列

乌兹（Uzi）冲锋枪是以色列军事工业（IMI）研制的一种轻型冲锋枪，由乌兹·盖尔（Uziel Gal）于 1948 年设计，目前在全世界使用广泛。

乌兹冲锋枪由以色列国防军上尉（后升至少校）乌兹·盖尔（Uziel Gal）于第一次中东战争开始后进行设计，以结构简单及易于生产为特点。当时的乌兹·盖尔表示不希望以其名字作武器的名称，但这一请求被驳回。乌兹冲锋枪从 1948 年开始设计，1951 年进行生产，在 1956 年第二次中东战争中服役并取得令人满意的成绩，而后开始大量生产。

当时的乌兹冲锋枪是车组成员、军官及炮兵部队的自卫武器，也是特种部队与精英部队的前线武器。六日战争（第三次中东战争，以色列方面称"六日战争"，阿拉伯国家方面称"六月战争"，亦称"六五战争"或"六天战争"）时，以色列士兵认为乌兹冲锋枪的紧凑外形及火力十分适合用于进行建筑物和碉堡的争夺清扫。直到今天，以色列特种部队仍然将乌兹冲锋枪作为近战武器使用。除以色列外，美国一些执法部门、私人安保部队及军队也装备有乌兹冲锋枪，德国在 1959 年开始装备此枪，并将之命名为 MP2，直至现在才使用 MP7 将之取代。

乌兹冲锋枪采用来自捷克 CZ 23 至 CZ 26 冲锋枪的开放自由式枪机与后坐作用设计，而 CZ 冲锋枪系列则是第一种采用包络式枪机的冲锋枪。这种包络式设计把弹匣位置放在握把内，部分枪管会被机匣覆盖，令总长度大幅下降，重量分布

▲ UZI SMG

更加平衡。乌兹冲锋枪的机匣采用低成本的金属冲压方式生产，既降低了生产成本，也缩短了生产所需的时间，还更容易进行维护及维修。

乌兹冲锋枪采用握把式保险（保险位于握把背部，必须保持按压才可发射），降低了走火的可能性，握把内藏弹匣的设计令射手在黑暗环境中仍可快速更换弹匣。由于机匣对沙尘的相容性较低，当击锤释放时，乌兹冲锋枪的退壳口会同时关上以防止沙尘进入机匣造成故障。不过握把内藏弹匣的设计令乌兹冲锋枪在卧姿射击时的瞄准线过高，在沙漠或风沙较大的地区作战时须经常分解清理以避免射击时出现如卡弹等的情况——这种缺点在所有开放式枪机的枪械中普遍存在。

乌兹冲锋枪最常见的弹药尺寸为9毫米×19毫米，民用市场中有被改为使用0.22英寸LR、0.41英寸AE、0.45英寸ACP，甚至是0.40英寸S&W及10毫米AUTO的版本。9毫米口径的乌兹冲锋枪常见的弹匣容量为20、25、32、40及50发，它可加装100发弹容量的弹鼓，其中0.22英寸LR及0.41英寸AE则是10发，而0.45英寸ACP为16发。

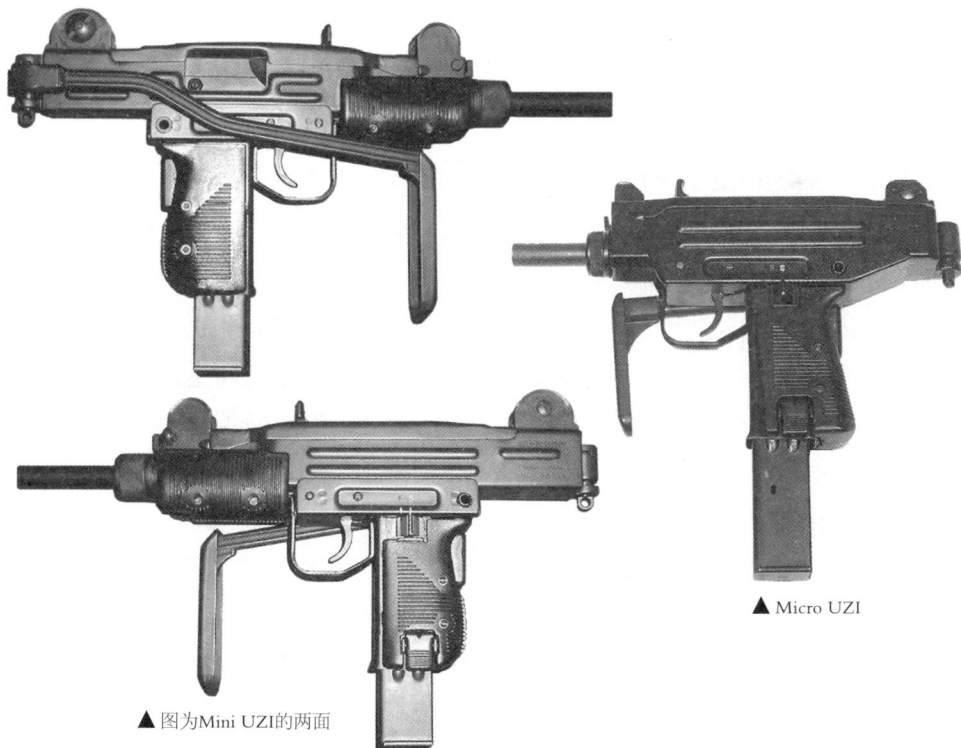

▲ Micro UZI

▲ 图为Mini UZI的两面

乌兹冲锋枪主要衍生型

迷你乌兹 （Mini Uzi）	1980 年推出，由标准型缩短而成，9 毫米口径，打开枪托后全长 600 毫米（枪托向右折叠时长度只有 360 毫米）。其枪管长 197 毫米，子弹初速为每秒 375 米，枪机开放时射速为每分钟 950 发，枪机封闭时射速为每分钟 1700 发，装 25 发弹匣时重 3.15 公斤，枪机开放及封闭时皆可发射，具有半自动与全自动射击两种模式。
微型乌兹 （Micro Uzi）	20 世纪 90 年代推出，比迷你乌兹更为短小，同样为 9 毫米口径。打开枪托后全长 460 毫米（枪托向右折叠时全长只有 250 毫米）。其枪管长 117 毫米，子弹初速为每秒 350 米，射速为每分钟 1250～1700 发，装 25 发弹匣时重 2.2 公斤，封闭式枪机。具备半自动与全自动射击模式，但扳机护环及握把的外形与迷你乌兹有所不同，通常作为个人防卫武器（PDW）使用。
伞兵微型乌兹 （Para Micro Uzi）	专为以色列反恐部队（如 Shabak 及 YAMAM 等）特别设计，9 毫米口径，机匣顶部及底部加装战术导轨，改为倾斜式握把以对应格洛克 18 全自动手枪的 33 发弹匣。
乌兹手枪 （Uzi Pistol）	1984 年推出，一种微型乌兹的半自动手枪版本，9 毫米口径，子弹初速为每秒 345 米，主要出口至各地民用市场，具有枪口制退器。
乌兹卡宾枪 （Uzi Carbine）	标准型乌兹冲锋枪的半自动版本，9 毫米口径，枪管长 400 毫米，主要出口至各地民用市场。
迷你乌兹卡宾枪 （Uzi Mini Carbine）	迷你乌兹冲锋枪的半自动版本，9 毫米口径，枪管长 450 毫米，主要出口至各地民用市场。

现代冲锋枪的主要枪膛闭锁方式

现代冲锋枪主要有两种枪膛闭锁方式，分别是以乌兹系列为代表的直接反冲式和以 MP5 系列为代表的滚轴延迟反冲式。

当子弹上膛后，弹壳被枪膛壁包裹着，枪机顶着子弹底部。扳机被扣动后，撞针击发底火，子弹装药爆炸，弹头被推出。此时枪膛内压力极大，可达 59 兆帕～333 兆帕，若此时枪膛打开，会对枪机和射手造成严重伤害，并导致弹头速度降低。因此，枪械上会有一个闭锁机构，能在弹头离开枪口前使枪膛保持闭锁状态，当弹头离开枪口后，闭锁自动解除，然后利用后坐力或火药燃气的推力完成退壳。

在使用直接反冲式闭锁的枪械中，一般都没有主动闭锁装置，而是利用较重的枪机以及较硬的复进簧来顶住枪膛。子弹被击发后，在较重的枪机和较硬的复进簧，以及弹壳膨胀后与枪膛的摩擦力的共同作用下，弹壳和枪机的后退加速度很小，在弹头离开枪口的瞬间，弹壳和枪机仅仅后移了很小的距离，枪膛依然有效闭锁。之后，枪膛压力迅速下降，弹壳收缩到原来尺寸，与枪膛壁间的摩擦力减小，弹壳和枪机继续后退，直到退壳完成。直接反冲式闭锁的缺点很多，比如需要较重的枪机和较硬的复进簧，导致射击时枪械重心变化大，对射击精度影响较大，并且弹药威力和口径不能太大。而其优点则是结构简单，生产成本低。

滚轴延迟反冲式闭锁结合了主动闭锁和直接反冲的优点。以 MP5 为例，它的枪机头部在子弹上膛后会抵住子弹底部。而且，在枪机头部和枪机底座之间有一个闭锁装置，该装置会顶着滚轴和枪机头部，与滚轴和枪膛上的凹槽咬合后，会形成主动闭锁。在子弹被击发时，弹壳后退推动枪机头部，使推力传到闭锁装置和枪机座上，此时由于滚轴仍被卡在凹槽中并顶着枪机头，所以枪膛仍然处于闭锁状态。当滚轴和闭锁装置继续受到压力时，滚轴会从凹槽中脱出，并挤压闭锁装置，此时滚轴完全脱离凹槽，枪机头开始后退，枪膛锁闭解除。而在闭锁解除之前，弹头已飞离枪口。此后，枪机头与枪机底座继续向后运动，完成退壳动作。滚轴延迟反冲式闭锁降低了枪机重量，减小了射击过程中枪械重心的变化，提高了射击精度。同时，这种闭锁结构也适用于大威力弹药的使用。

▲ 击发前，枪膛处于锁闭状态。
① 枪机头。
② 滚轴。
③ 闭锁装置。
④ 撞针。
⑤ 枪机座。
⑥ 枪膛延伸部分。

▲ 击发后，枪机头后坐开锁。
① 击发后，闭锁装置和枪机后坐。
② 凹槽。
③ 滚轴从凹槽中被挤出。
④ 枪机头后退，完成开锁过程。

特警部队的半自动射击和全自动射击

在特警队员在使用冲锋枪时，会根据任务的需要进行半自动或全自动射击。

半自动点射通常用于人员混杂的情况下，为避免伤及无辜，而进行的精确单发射击或连续单发射击。由于在半自动射击模式下的后坐力很小，射手只需要自然站立，左脚向前一小步，即可实施稳定射击。

全自动射击用于敌我位置分明或危机时刻的火力压制，这通常是在周围没有无辜群众时才能使用的。需要注意的是，特警部队的全自动射击通常是指每次 3 ~ 4 发的长点射或连续长点射，这种方式可以将枪口上扬现象控制在可接受的范围内，在保证火力密度的同时保障射击精度。扣着扳机不放，一口气打光一个弹匣或大半个弹匣的行为是毫无意义的，也是特警部队不可接受的——这是缺乏训练和不负责任的表现。在全自动射击模式下，射手的双腿应略微弯曲，身体前倾，以抵消持续的后坐力。

影视剧中常见有人将冲锋枪端于腋下或腰高位置进行猛烈射击，实际上这种射击方式的效率很低，不但浪费弹药、准确度低，还使人的战场反应迟钝。在特警部队的要求中，除非对手距离十分接近，否则特警队员必须提枪上肩，进行标准的瞄准射击。需要注意的是，当冲锋枪上装有已打开的战术电筒或激光瞄准器时，射手可不用抵肩射击，因为光柱或激光点就是弹着点（前提是已将这些设备与冲锋枪进行过归零调校，且两者瞄准点一致）。

冲锋枪战术枪背带

军队中，步兵的战术枪背带的两端分别挂在枪械的准星和枪托上的背带环上。通常，士兵有颈部挂枪和肩部斜挎挂枪两种方式：颈部挂枪有利于迅速实施抵肩射击，但在行军中，这种方式不利于行动（枪支会在胸前大幅晃动）。肩部斜挎可以使枪械紧靠身体，但不利于迅速抵肩射击——一个训练有素的士兵，可以在 2 ~ 3 秒内完成这两种背枪姿势的转换。这个转换时间，通常对于军队的作战任务来说是完全足够的。

① 颈部挂枪。

② 肩部斜挎挂枪。

▲ 传统战术枪背带挂枪方式。

对于特警部队来说，由于交火通常发生在近距离，开火的突然性也极强，所以任何对战术动作有阻碍和迟滞的事物都是不可接受的。因此特警部队的战术枪背带一端挂在准星处的背带环上，另一端穿过枪托处的背带环，用环扣扣在背带上。当使用肩部斜挎方式时，特警队员可以用左手上下拉动背带，以此收紧和放松背带长度，这样就可以在抵肩射击姿势和行军姿势间进行快速转换，从而缩短了反应时间。

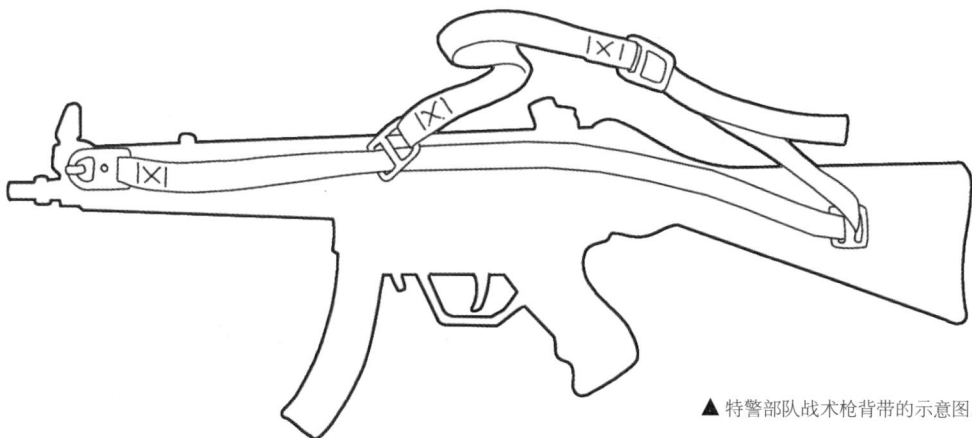

▲ 特警部队战术枪背带的示意图。

◀特警部队挂枪方式。

冲锋枪持枪姿势

无论特警队员使用何种枪支，握持时的力度都要适当，过大的握持力度不仅会导致肌肉过度紧张（甚至会出现颤抖），还容易导致肌肉疲劳。正确握持方式是以适当的力度握住，只需保证枪械握柄与手掌紧密接触，不会因为射击的震动导致移位即可。

低姿射击准备

这个持枪姿势多在实施搜捕或接近目标地域的过程中，以及在执行巡逻与警戒任务时采用。该姿势能够确保特警队员对突然出现的目标做出快速反应，并迅速转为战斗状态。同时，该姿势也不易使身体产生疲劳。

① 提枪上肩，右手置于胸口处，手指呈待击发状，将枪托紧贴肩部。
② 枪口略微向下，目视前方。

高姿射击准备

当事态进一步升级，目标即将出现或即将开火时，特警队员应该迅速从低姿射击准备转为高姿射击准备。

① 紧握枪柄，右手大拇指按在保险上，食指呈待击发状。
② 枪托靠在肩部下端。
③ 身体略微前倾，枪的高度略低于正常射击时的高度。
④ 射手视线略高于瞄准线，对前方进行警戒搜索。

特警队员应该能够熟练转换高姿射击和低姿射击姿态，当有队员或平民出现在枪口前方时，应该放低枪口转为低姿射击准备；一旦队员或平民离开枪口前方，应抬高枪口转为高姿射击准备。这个过程要形成条件反射。

立姿射击

冲锋枪的立姿射击姿势与步枪的立姿射击姿势有较大差别，这与两种枪械的尺寸、重心位置与后坐力大小有关。射击准备。

▲图为步枪立姿射击姿势

◀图为冲锋枪立姿射击姿势

① 枪托紧贴肩关节内侧。
② 头部稍微右倾，右眼与瞄准线重合。
③ 双腿分开，左脚向前跨一小步。
④ 右脚伸直，锁定膝盖弯曲度。
⑤ 身体重心前倾。
⑥ 右手握紧枪柄，并使枪托紧压肩关节内侧。

⑦ 双手前臂与水平呈40°角（正视图与俯视图）。

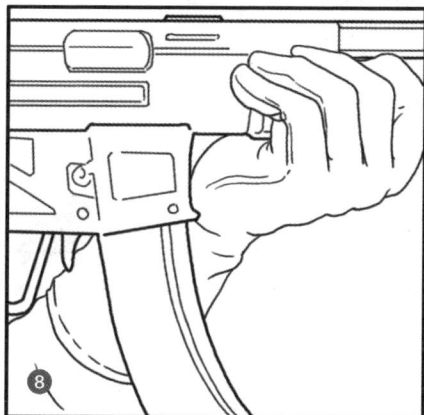

⑧ 左手握紧护木，稍向下拉，以抑制射击时枪口的向上跳动。

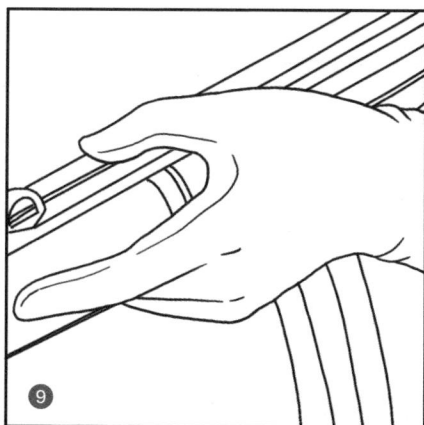

⑨ 另一种有护木的冲锋枪握持方法。左手握于护木靠弹匣方向，食指前伸，拇指压在枪身上部——这种握持方式有助于枪口快速指向。

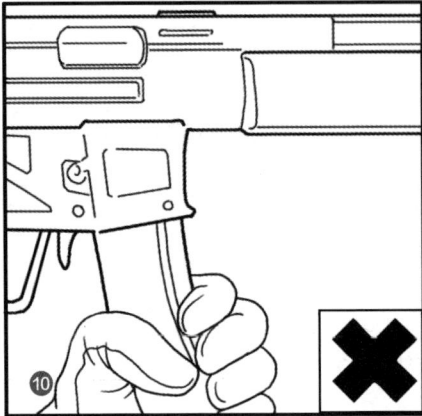

⑩ 左手不能直接握住冲锋枪的弹匣，这会导致枪口指向不稳。

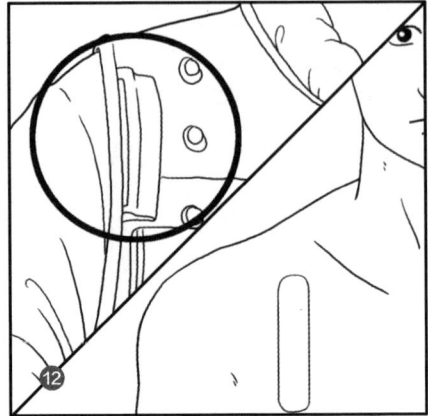

⑫ 有些战术背心的肩关节内侧位置会有软垫设计，以减缓枪托对肩部的压迫感。

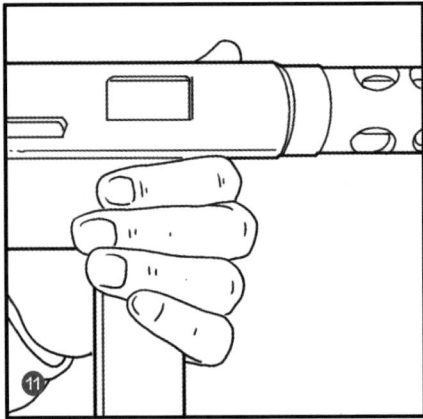

⑪ 对于没有护木设计的冲锋枪，左手应握在弹匣槽与枪身结合处。

腋下平腰射击

此种姿势用于情况紧急时或极近距离下的扫射。特警队员的双腿姿势与立姿射击时相同，即重心位置前倾幅度较小，将枪托置于右手腋下位置，左右手前臂与水平线大致呈30°～40°角，右眼与冲锋枪瞄准线处于同一个垂直面上。

① 身体重心不可后倾，这容易导致射击方向失控，无法压制枪口跳动，并且持续射击时，可能会使人站立不稳。

② 在使用微型冲锋枪进行全自动射击时，特警队员应将枪托拉出。由于微型冲锋枪的射速极高，且枪身过于小巧，源源不断的后坐力会导致射击方向失去控制。特警队员在使用这类微型冲锋枪进行全自动射击时，应将枪向身体躯干方向靠近，将其较为短小的枪托夹在腋下，并将身体重心前倾。

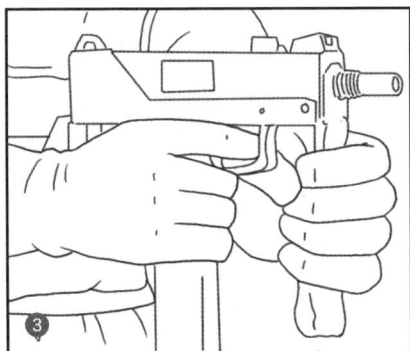

③ 可在微型冲锋枪的前部加一条结实的布带，射击时，左手可拉住布带，减小枪口跳动的势能。

④ 只要任务没有特别要求，就应该将枪托拉出。

坐姿射击

坐姿射击是除卧姿射击外，最为稳定的射击姿势，并且也不易使身体产生疲劳。此射击姿势通常用在执行伏击或封锁任务时。

② 左脚向前跨一小步，左手伸向左后方，右手单手持枪，枪口向前，视线不离开前方。

① 立姿状态。

③ 屈膝向后坐下。

④ 双脚分开。
⑤ 双手肘关节支撑在双腿膝盖内侧。
⑥ 上身前倾。
⑦ 双肩水平。
⑧ 将枪托紧贴肩关节内侧。

跪姿射击

跪姿射击是战术机动中常用到的射击姿势，其射击稳定性好于立姿射击，同时机动性高，姿态转换快，着弹面积相对较小。但需要注意的是，有一种立跪姿射击，其与跪姿射击的不同点在于右腿膝盖跪地后，右大腿与地面垂直。虽然这种姿势更利于快速起身和拔出手枪，但却让特警队员的着弹面积变大，且后者在使用冲锋枪进行连续射击时的身体晃动幅度也大。因此，若非掩体物高度所限，特警队员不应采用立跪姿射击姿势。

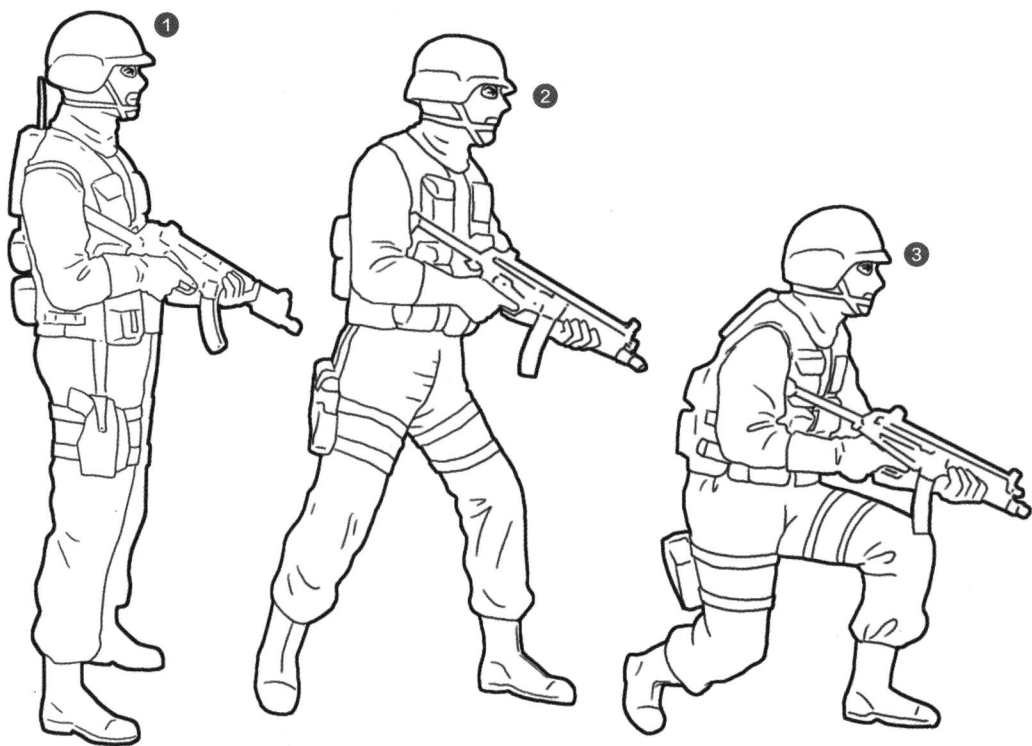

① 立姿状态。
② 身体与目标方向呈45°角，左脚向前跨出一步，脚掌与冲锋枪瞄准线处于同一垂直平面上。
③ 双腿屈膝，右腿触地。

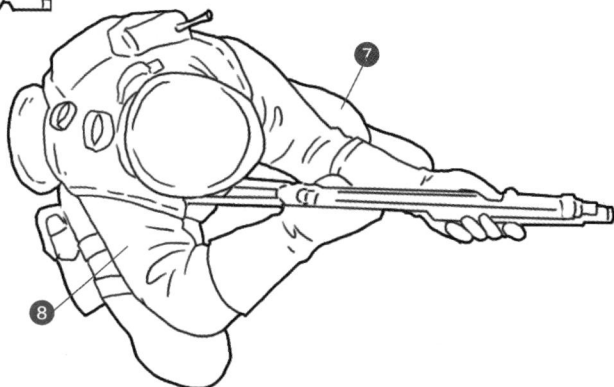

④ 右手手肘自然下垂，右手握紧枪柄，使枪托紧贴于肩关节内侧。

⑤ 身体略微前倾。

⑥ 左膝盖顶住托持冲锋枪的左手以使射击状态稳定。

⑦ 左脚朝向目标方向。

⑧ 双肩与瞄准线呈45°角。

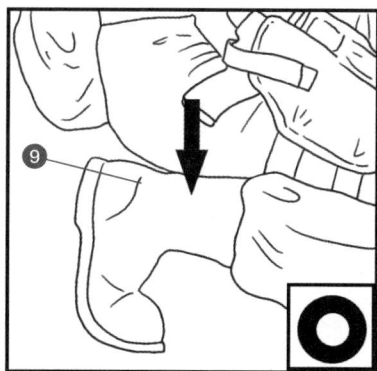

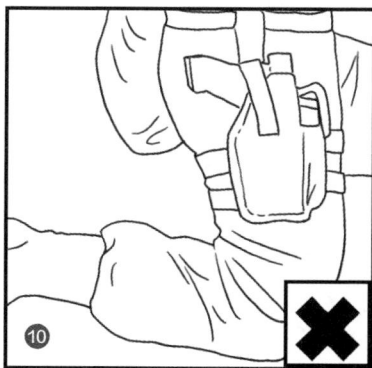

⑨ 臀部坐于右脚后跟上。

⑩ 通常不使用立跪姿射击姿势。

卧姿射击

　　卧姿射击是所有姿势中最为稳定的一种——身体紧贴地面，冲锋枪持续射击的后坐力都被地面吸收。这种姿势最容易掌握，也最容易实现高精度射击。此外，卧姿射击也是着弹面积最小的射击姿势。但这种姿势的进入和改出都比较慢，多用于伏击与封锁任务。

③ 双膝着地跪下。

① 身体朝向射击方向，左脚跨前一步。
② 右脚尖朝右侧扭转，使身体与射击方向呈
30°～45°角。

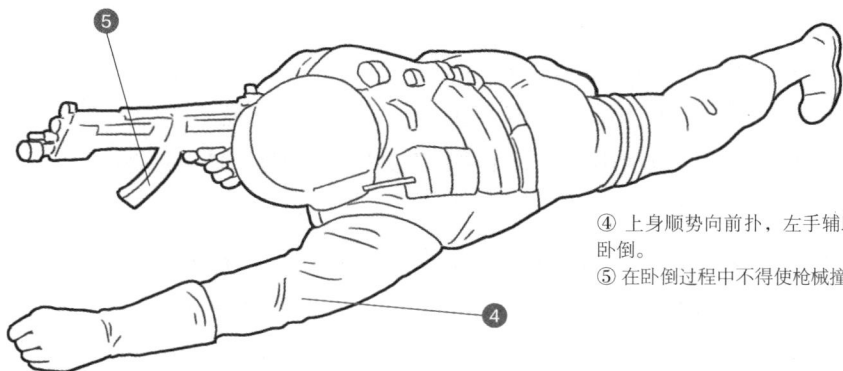

④ 上身顺势向前扑，左手辅助身体向前
卧倒。
⑤ 在卧倒过程中不得使枪械撞击地面。

⑥ 双手肘关节支撑上身，双腿呈外八字
自然分开，紧贴地面。

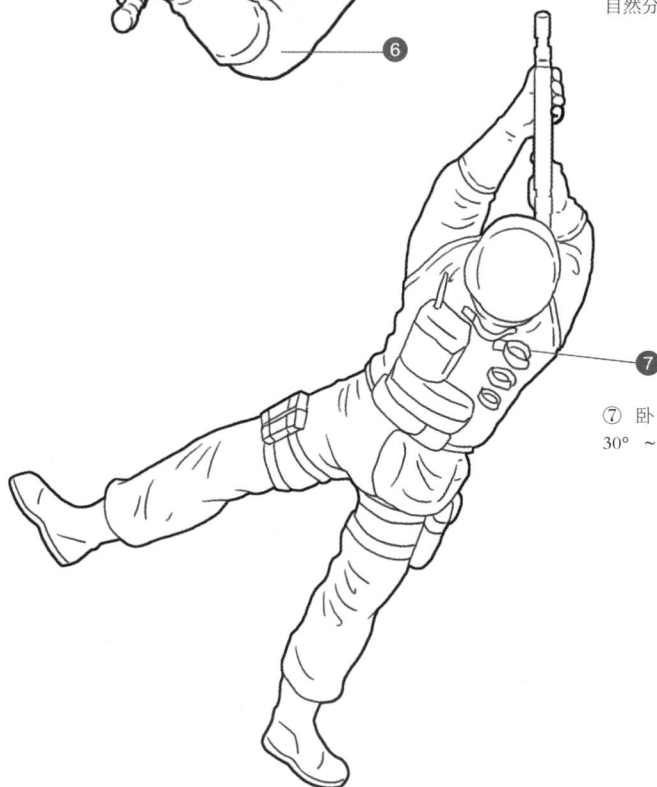

⑦ 卧倒后，身体躯干应与瞄准线呈
30° ～45° 角。

更换弹匣姿势

一般来说，特警队员不应在弹药完全耗尽后再更换弹匣，这不但容易贻误战机，还会令自己或队友陷入危险的境地。此外，在更换弹匣的过程中，需要有掩护或进入掩体，且当特警队员正在为队友提供火力掩护时，更换弹匣前应告知队友寻找掩体。

完全耗尽弹药后再更换弹匣会延长弹匣的更换时间——当枪支处于空膛状态时，换上新弹匣后，需要特警队员拉动枪机子弹才能上膛（即便是有空仓挂机功能，也需要按下释放钮）。而如果换弹匣时，枪膛内仍有子弹，特警队员便可在更换弹匣后直接射击。通常在弹匣中还有 5～6 发子弹时，特警队员便需要将之更换。

① 在更换弹匣的过程中，特警队员的双眼应朝向目标方向。

② 若现场情况极为危急，特警队员可用左手取掉弹匣，在让其自然滑落地面的同时从弹匣袋中拿出新弹匣。但在通常情况下，特警队员应将取下的弹匣放回战术背心上预定的袋子后，再取出新弹匣。

③ 由于双眼必须看向目标方向，因此特警队员不应直接往弹匣槽中插入新弹匣——这样做通常会无法直接对准弹匣槽。

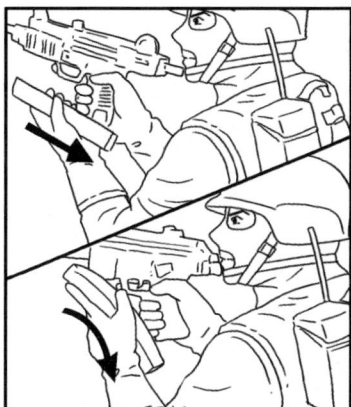

④ 和更换手枪弹匣的方式一样，特警队员水平握持弹匣，并将其顶端靠在弹匣槽口，然后向后滑动弹匣，让其顶端自然落入弹匣槽中。

⑤ 当弹匣顶端自然落入弹匣槽后，用掌心将弹匣推入弹匣槽，直到锁定。

⑥ 若枪膛内已无子弹，需要拉动枪机上膛；若有空仓挂机功能，则要按下释放钮；若枪膛内有子弹，则可直接射击。

持枪转身

　　特警在作战任务中，时常需要在保持身体平衡，且随时可实施射击的同时，做出转身动作。因此在机动过程中，特警队员应做到"枪随眼动"，即将枪口永远指向视线方向。

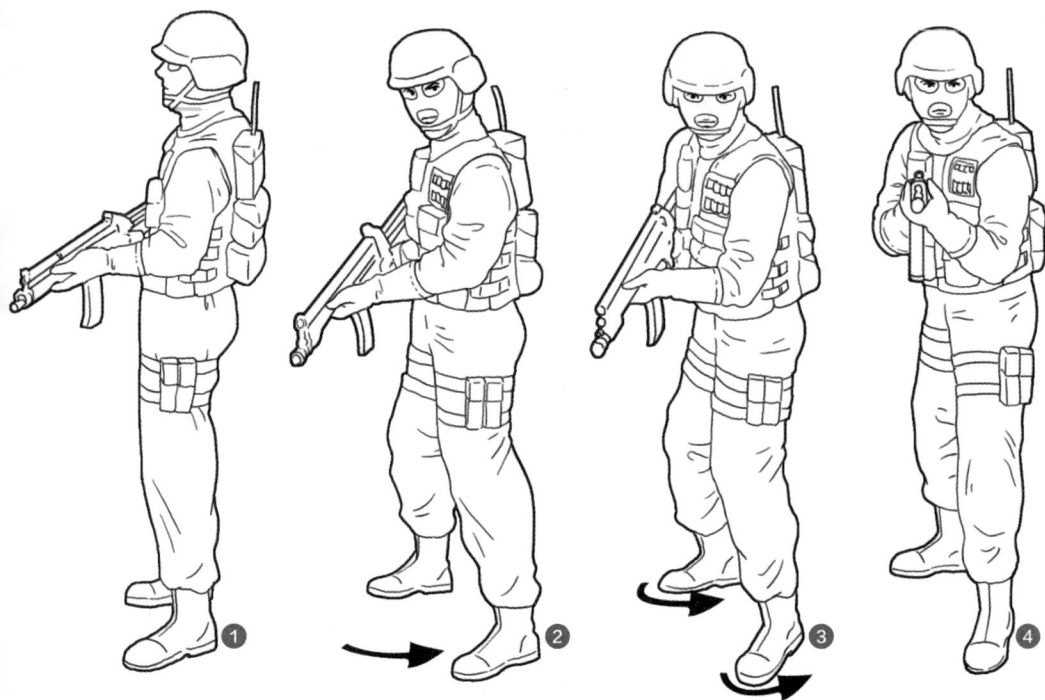

左转身 90°

① 感觉左侧出现威胁。
② 改变上身方向，并将左脚稍微往后迈出，脚尖朝外侧。
③ 双脚随身体向左扭转。
④ 双手持枪呈待击发状态。

此外，在机动过程中特警队员通常会使用小步幅的快步行进——除非受到攻击，在机动过程中理论上不应奔跑行进。当靠近目标时，特警队员应以拖步方式前进，避免双腿交叉行进的步伐——这会影响身体的平衡，不利于稳定射击。

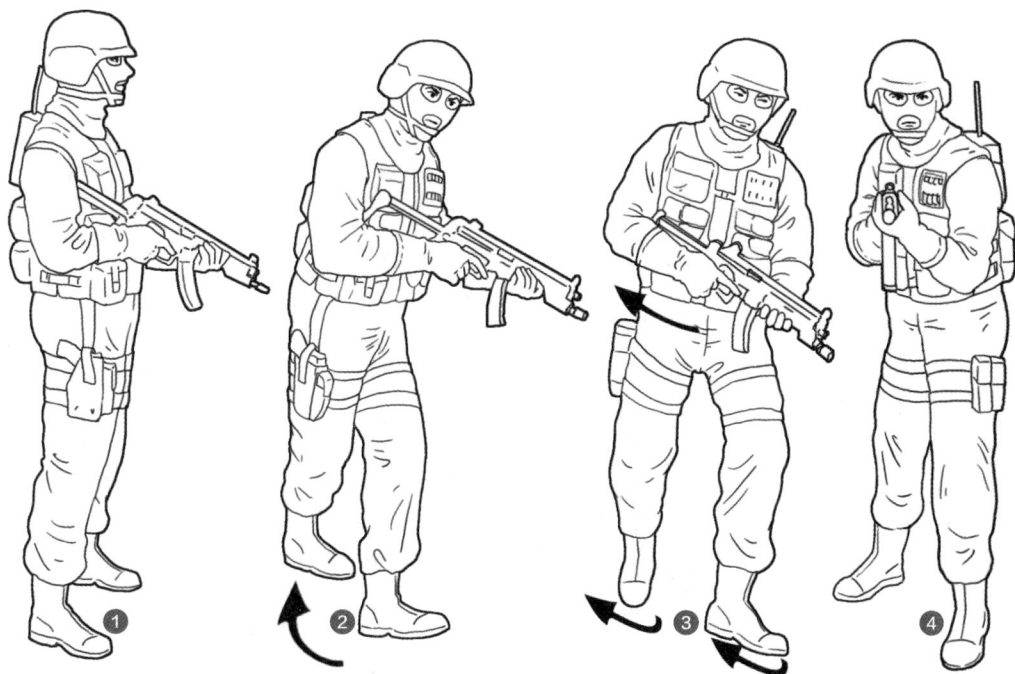

右转身 90°

① 感觉右侧出现威胁。
② 向右侧扭转身体的同时，右脚向身体右后方向退一大步。
③ 身体和枪口转向目标方向。
④ 双手持枪呈待击发状态。

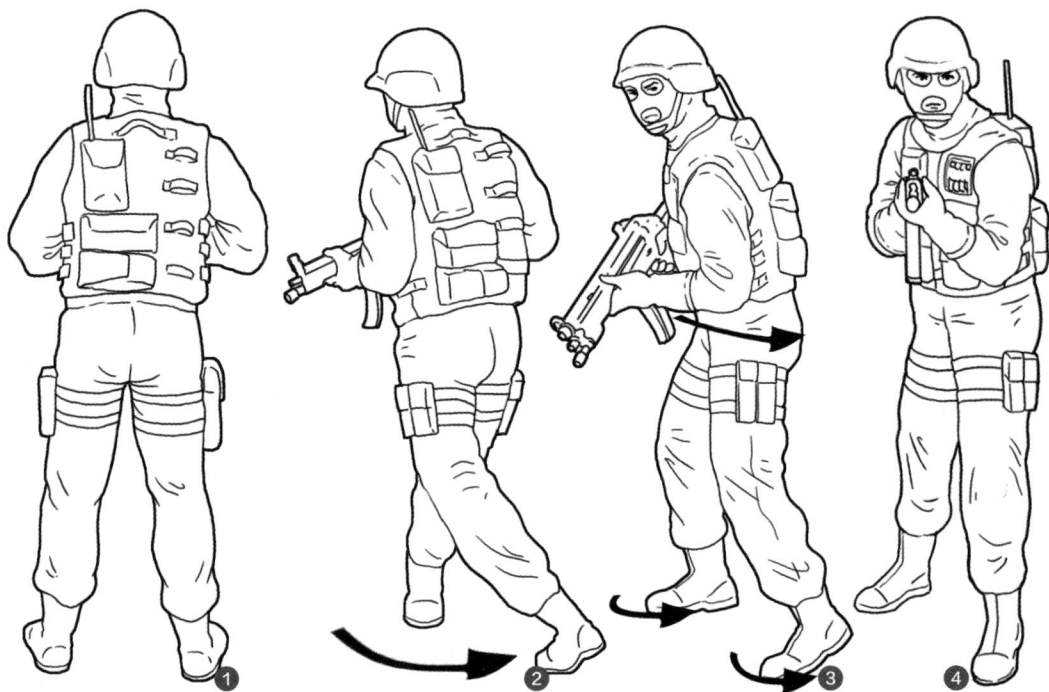

转身 180°

① 感觉身后受到威胁。
② 在转动身体的同时，左脚向身体左后方退一步。
③ 扭转上半身，双脚跟随转向，同时头部和枪口转向目标方向。
④ 双手持枪呈待击发状态。

拖步前进

当感觉威胁或目标近在咫尺时，特警队员应该采用拖步前进的方式，使行进更为平稳与安静——只有这样才能保证行进时的射击稳定性。

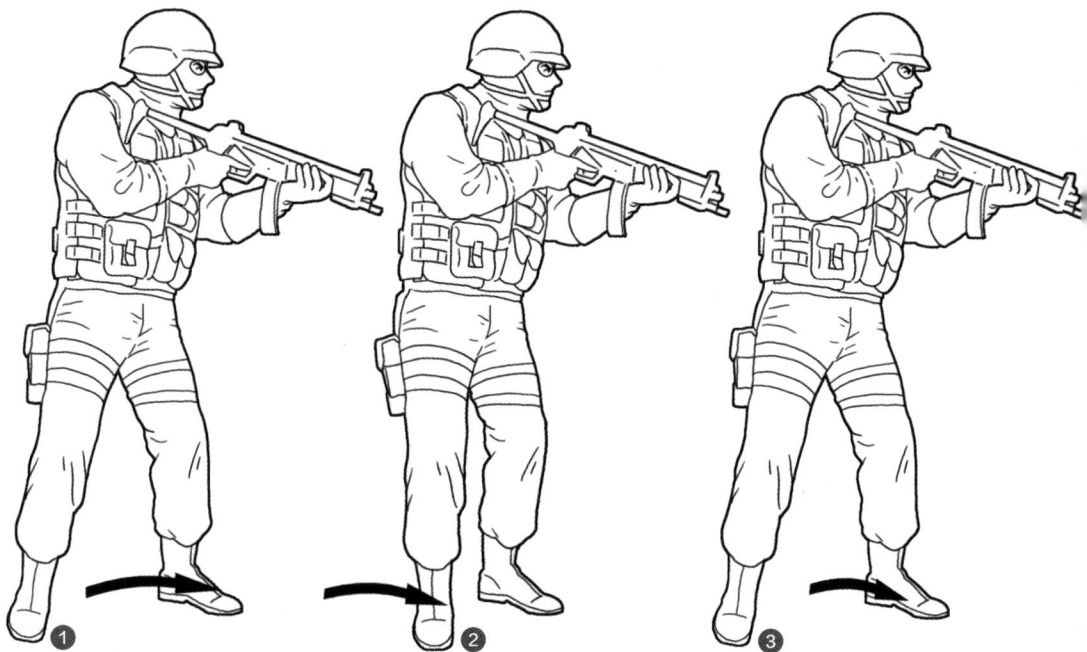

拖步前进

① 左脚迈向前方，步幅长度约为肩宽。

② 右脚跟进，靠近左脚，但不要靠在一起，同时要避免发出任何声音。

③ 整个过程中身体应略微前倾，重心偏向左腿。

第八章

霰弹枪技战术

霰弹枪

提到霰弹枪，许多人脑海里就会浮现出持枪者双手紧握长枪，随后枪口爆出巨响——强大的火力可以轻易把混凝土墙轰出个大洞，或拦腰将人撕成两截，或将头颅轰得无影无踪……不管这些从电影警匪片里得到的印象是否被歪曲夸大，总之霰弹枪的大口径枪管和枪手的持枪扎马姿势所产生的震慑力都是令人望而生畏的，很多时候无须进入战斗，便可瓦解对手的心理防线。霰弹枪是一种短射程武器，霰弹所爆发出的铅珠群在抛射过程里，散布面随着距离的增加而迅速扩大。当射击距离超出 25 米时，霰弹的准确度已不足以击中一个人形大小的目标。在实战里，这意味着铅珠误中旁人的概率会大大提高。不过，只要在有效射程（通常为 10 米）内，铅珠群的强大威力足以形成一个圆锥状的杀伤空间，以 00 号鹿弹为例，12 颗铅珠在近距离上足以完全贯穿人体，其冲击力甚至能使人的肢体分离，其效果就好像被 12 颗 9 毫米手枪弹同时击中！许多身材魁梧的歹徒被手枪弹命中后仍可负伤而逃，但在遭到霰弹枪轰击后，则鲜有能够爬起身来的。除了冲锋枪外，霰弹枪的制止威力和震撼效果是其他类型的枪械无法比拟的。

此外，霰弹枪还有许多优点，比如它的霰弹弹道扩散特色，可让射手在射击时只需要做简单的瞄准，甚至无须完全对准目标，通过其他弹射面扩大铅珠散布面积，就能提高命中率。例如当匪徒躲藏于汽车后方，并以之作为掩体负隅顽抗时，特警部队由于配备的小口径武器无法完全贯穿车体，以致参与包围的队员可能会一时间束手无策。此时，特警队员如携带有霰弹枪，则只需瞄着车底地面发射一至两发霰弹即可——铅珠群撞击坚硬的地面后，会穿过车底空隙弹射至车体后方，并因散布面扩大，击中匪徒腿部的概率很高，虽然不足以致命，却可令匪徒失去反抗能力。

当然，霰弹枪也有许多局限之处，比如它虽然是短射程枪械，却不是适合作室内近距离战斗 (CQB) 的武器——笨拙和略长的枪身使射手在通过狭窄的走廊或门窗时会感到碍手碍脚；突出的枪管也令射手在拐过转角处和推开房间门时，容易被埋伏的对手发现,或被对手出其不意一手把枪夺去。由于霰弹枪因杀伤面广的特性,也使特警队员无法做精确的瞄准射击,故不适用于有人质被挟持的场合。而且,相对较少的容弹量亦限制了霰弹枪同时接战数个目标的能力。此外,虽然某些型号的霰弹枪具备半自动功能,但强大的后坐力却会影响连发射击的频率和准确性。

在特警部队出现的早期,霰弹枪是作战的主要武器。但霰弹枪自身的局限性,使得其逐渐让位于冲锋枪。不过,霰弹枪仍然是特警部队必备的作战武器。

口径号

霰弹枪的口径表示方法不同于传统枪械的口径表示方法——以每磅铅铸成的与枪管直径相同的铅球的数目作为口径号。以 12 号霰弹枪为例,即用一磅铅铸成 12 颗大小相同的铅球,每个铅球的直径即为 12 号霰弹枪管的口径。因此,霰弹枪的口径号越大,枪口直径越小,口径号越小,枪管口径越大。

通常,枪管口径越小,射手在击发后感受到的后坐力就越小。因此,许多专家认为 20 口径的霰弹枪更适合初学者使用。

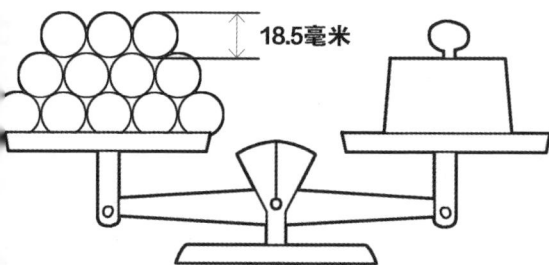

18.5毫米

▼ 20号霰弹枪枪管口径为15.7毫米,与1/20磅重的铅球直径相同。

15.7毫米

▲ 12号霰弹枪枪管口径为18.5毫米,与1/12磅重的铅球直径相同。

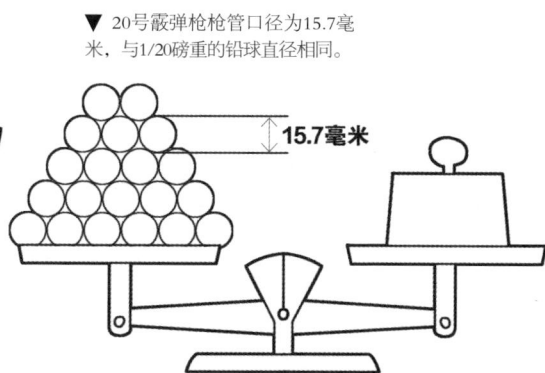

唧筒式霰弹枪

　　唧筒式霰弹枪是指通过利用左手握持护木做后前往复运动（直到今天仍然是最常见的霰弹枪上膛方式）来上膛的霰弹枪，它最早是在 19 世纪末期的美国出现的。虽然后来又出现了半自动霰弹枪，但这并未影响到唧筒式霰弹枪的地位——相比前者，唧筒式霰弹枪的故障率更低，可靠性更高。虽然半自动霰弹枪更容易得到较高的连发射速，但对于熟练的射手来说，他们或许并不太在意射速这一优势项。此外，唧筒式霰弹枪几乎可发射所有类型的霰弹枪弹药，而半自动霰弹枪对弹药有特别的要求。最后，唧筒式霰弹枪的结构和操作简单,价格也只有半自动霰弹枪的一半左右。

　　本部分所介绍的霰弹枪技战术均以雷明登 M870 型 12 口径唧筒式霰弹枪为例——该枪也是美国特警部队使用得最多的霰弹枪。

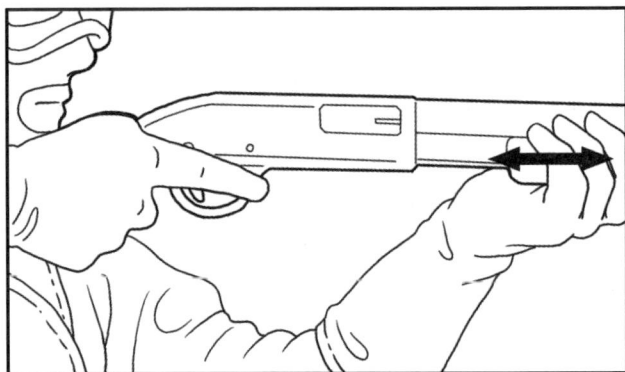

◀ 唧筒式霰弹枪上膛与退壳时，只需要让握着护木的左手做一次后前往复运动即可。此过程中射手的瞄准线不会受到过多干扰，且左手无须离开护木握持处。

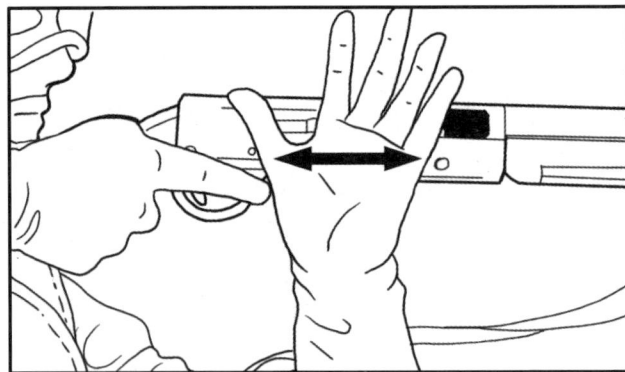

◀ 以枪机拉柄来进行上膛与退壳，则需要左手离开护木，会对瞄准线造成过多的干扰。

霰弹枪瞄具

由于霰弹枪射程近，弹头散布范围广，因此其瞄具长期被人忽视。一些霰弹枪甚至仅仅在枪管前部装上一个小钢珠——射手通过其前部的小钢珠显然不可能进行精确射击，仅能实施近距离概略射击。

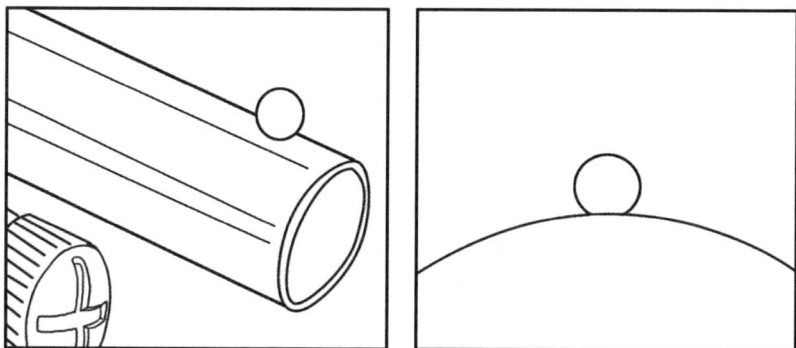

▲ 霰弹枪简陋的钢珠瞄准具。

采用简单环形瞄具的霰弹枪可以在 10 米左右的距离实施较为精确的射击，这种瞄具是由环形照门和类似手枪的准星组成的。利用这种瞄具后，经过简单训练的新手都能获得较好的射击成绩。而在近距离上，环形瞄具同样有效，在 3 ~ 5 米的距离内，霰弹散布直径小于 15 厘米。

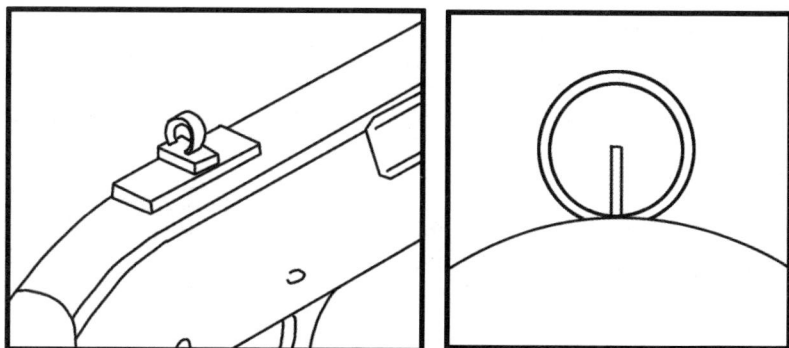

▲ 霰弹枪的环形瞄准具。

霰弹枪弹仓

唧筒式霰弹枪采用管式弹仓供弹，通常原装的弹仓管会被护木包裹住大部分，其中可容纳 4 ~ 5 发弹药（换装加长的弹仓可增加弹容量）。对于特警部队来说，由于冲锋枪是主要武器，霰弹枪只是针对多种任务的辅助武器，时常需要根据战术需求使用和更换不同弹药。因此，对于特警部队来说，一味追求霰弹枪的大容量弹仓并无太大意义。

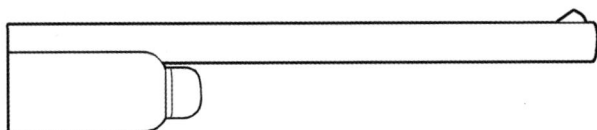

◀ 原装弹仓（上）与加长弹仓（下）。

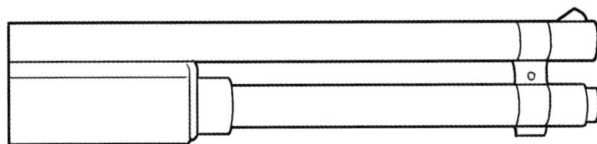

无托霰弹枪

一般来说，特警部队是不会使用无托霰弹枪的。霰弹枪的后坐力极大，无托的霰弹枪对于射手来说是一个考验，仅靠手腕的力量是无法实施稳定射击的。

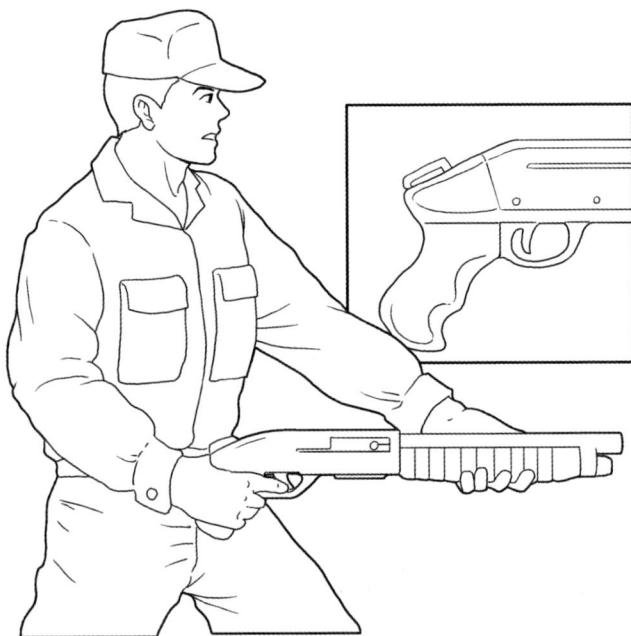

折叠托霰弹枪

　　折叠枪托霰弹枪除了更易于携带外，对于战术用途来说，意义并不太大。特警队员在投入战斗前，就需要将折叠托展开——战斗中，展开了折叠枪托的霰弹枪和固定枪托霰弹枪在尺寸上并没有区别。向侧方向折叠的霰弹枪还有一个严重的问题——若紧急情况下折叠枪托未能展开，那么在射击时折叠的枪托就可能会干扰到抛弹口的退壳动作，并导致卡弹。此外，折叠枪托也远不及固定枪托稳固，多次使用后，折叠枪托的活动部分会出现锁定不稳的问题，影响射击的稳定性。

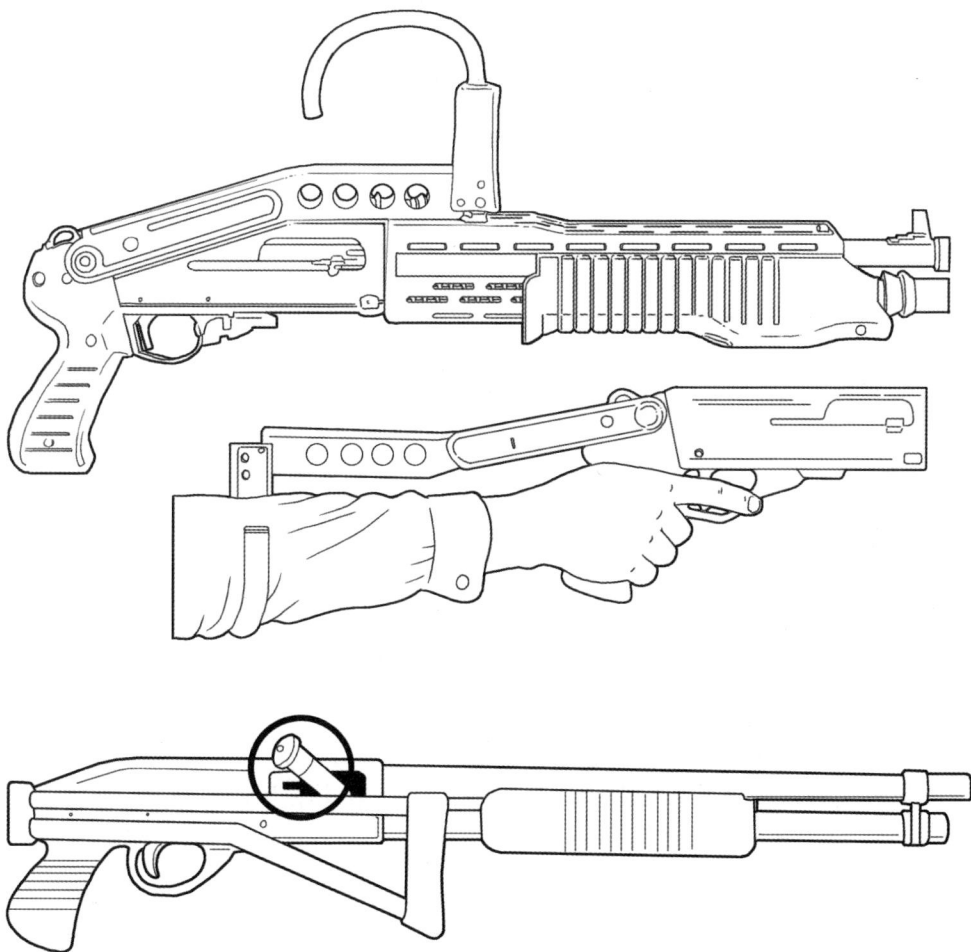

固定托霰弹枪

对于特警部队来说，固定枪托是霰弹枪最好的搭档。现在有一些固定托霰弹枪还在枪托上加装了一个小握柄，这样的设计对提高人机功效有一定作用。

在一些特警部队中，特警队员还被允许根据自己的身高和臂长，对枪托进行改造。如身材较矮，手臂较短的队员，可将枪托锯短；若感觉枪托对肩部压迫过重，可加装缓冲垫；若觉得提枪上肩时，枪托会钩挂到战术背心，则可将枪托上部削圆。

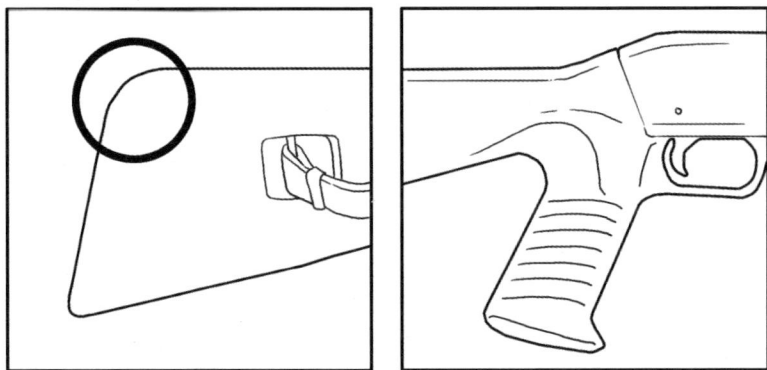

备用弹药套

为了减少在战斗中的上弹时间，特警队员通常都会在枪托或枪身上挂上备用弹药套，以方便快速取用弹药（备用弹药套一般可放置 5 ~ 7 发弹药）。在众多的备用弹药套中，以挂在枪身左侧的鞍式弹药套最为理想——弹药的装填口就在弹药套旁，装填时，射手仍可将枪口和视线朝向目标方向，只需要左手自然缩回即可。而挂在枪托上的弹药套是另一种常见的弹药套，不过这种方式可能会对射击姿势造成影响，并且在运动中可能会导致弹药掉落。至于挂在枪背带上的弹药套，虽然最多能装上几十发弹药，但却会大大影响射手的灵活性，并且运动时枪背带会大幅摆动——这种携带弹药的方式常被一些缺乏训练的武装人员使用，或常见于影视剧中。

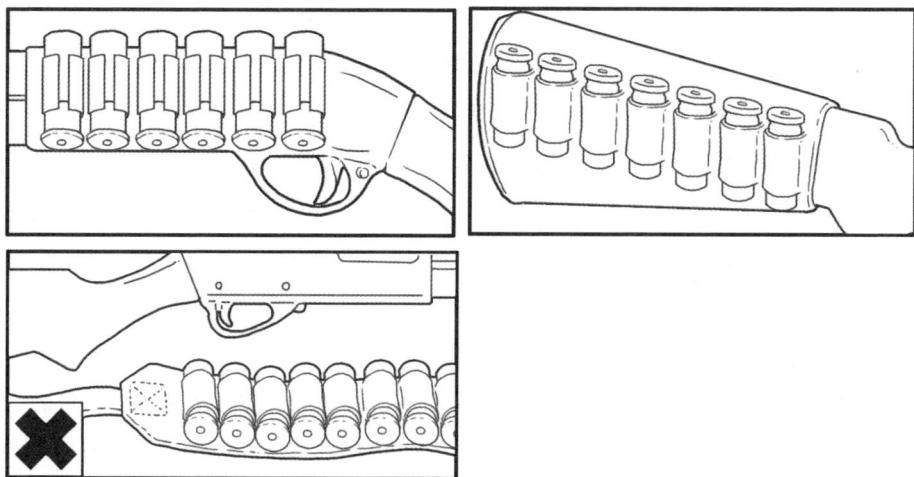

枪背带

战斗中，霰弹枪必须挂上枪背带，其枪背带的长短可根据特警队员的自身情况进行调整，基本原则是要便于迅速提枪上肩。使用枪背带的意义在于：当特警队员需要双手操作其他器材时，枪支可不离身；当霰弹枪弹药耗尽，在装弹过程中出现敌人时，特警队员可迅速拔出手枪射击（此过程中霰弹枪不离身），待危机过去后，可继续装弹；当特警队员进入狭小空间时，枪背带可防止霰弹枪被抢夺或打落。

带战术电筒的护木

这种可以装配战术电筒的护木，适用于黑暗环境的任务中，其实用性很高。

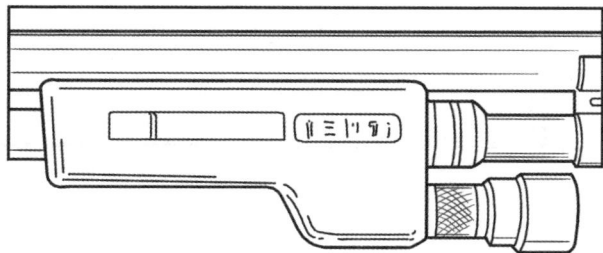

短管霰弹枪

短管霰弹枪并非是一种新的霰弹枪种类，而是通过锯短枪管来实现某些特殊需求的霰弹枪。锯短枪管可以得到以下好处。

●可以使枪身长度缩短，便于携带和隐藏。

●使便携性提高，便于进行各种战术动作。

●在狭小的空间内，短管霰弹枪用起来比正常的霰弹枪更为顺手，并且不容易被对手抓住枪管。

虽然锯短枪管后，提高了霰弹枪的便携性与灵活性，但也带来了新问题。

●唧筒式霰弹枪的管状弹仓位于枪管下方，弹仓的长度不可能超过枪管的长度（不然缩短枪管就失去了意义）。因此，锯短枪管后，唧筒式霰弹枪的装弹能

力也受到了限制。

●过短的枪管会降低在较远距离处射击的准确性。

●弹丸的散布面会扩大。

●锯短枪管后会增加射击时的后坐力，并且增大枪口火光。

●对于半自动霰弹枪来说，锯短枪管后，由于弹头会提前离开枪管，枪膛内的压力会过早消失，所以可能会导致推动枪机的火药燃气压力不够——使退壳和再次上膛的动作无法完成，引发霰弹枪出现卡弹等问题。

●过短的枪管会对射手造成潜在危险。

基于对各种不利因素的考虑，美国的联邦法律规定，霰弹枪枪管长度不可短于 46 厘米。而从实践经验来看，锯短枪管的霰弹枪必须符合以下要求。

① 管状弹仓长度不可超过枪口。
② 枪托要相应锯短5～7.6厘米，并在末端加装缓冲垫，以减缓后坐力的冲击。
③ 护木需增加防滑纹，以便于增强射手的握持摩擦力。
④ 枪管被锯短后，射手握持护木的左手会非常接近枪口，射击时可能会被枪口火焰灼伤。因此，可以在管状弹仓前端加上限位片，并装上枪背带以限制手部活动范围。

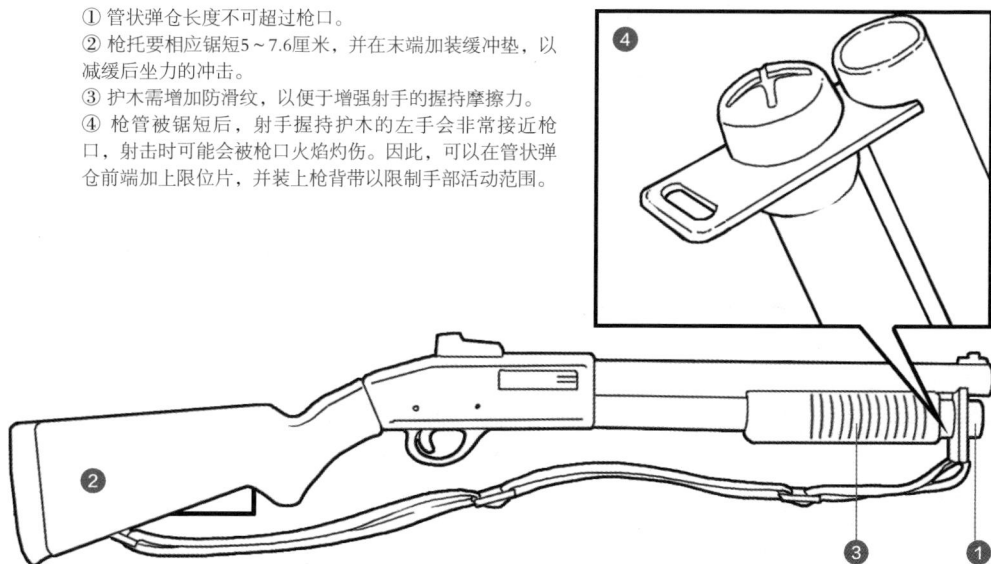

枪口喉缩

　　霰弹枪的枪口喉缩可以缩小枪口口径，使霰弹弹头在飞离枪膛时更为紧密，从而缩小弹头的散布范围。

　　枪口喉缩有多种级别，一般以枪管口径和喉缩出口口径之差的分数形式表示，如 1/4、1/2、3/4 与 1/1 等（单位为毫米）——1/1 为全喉缩，代表差值为 1 毫米；3/4 喉缩代表差值为 0.75 毫米，以此类推。喉缩最初是为了狩猎而设计出来的，目的是通过更换不同的喉缩来达到不同的猎杀效果。

　　虽然喉缩可以有效缩小弹头的散布范围并增加射程，但也不能盲目使用，不然会导致射击效能下降。比如用 1/1 的喉缩击发鹿弹时，由于喉缩出口收缩过大，弹头会相互挤压出现形变，使在飞行过程中的稳定性大受影响。

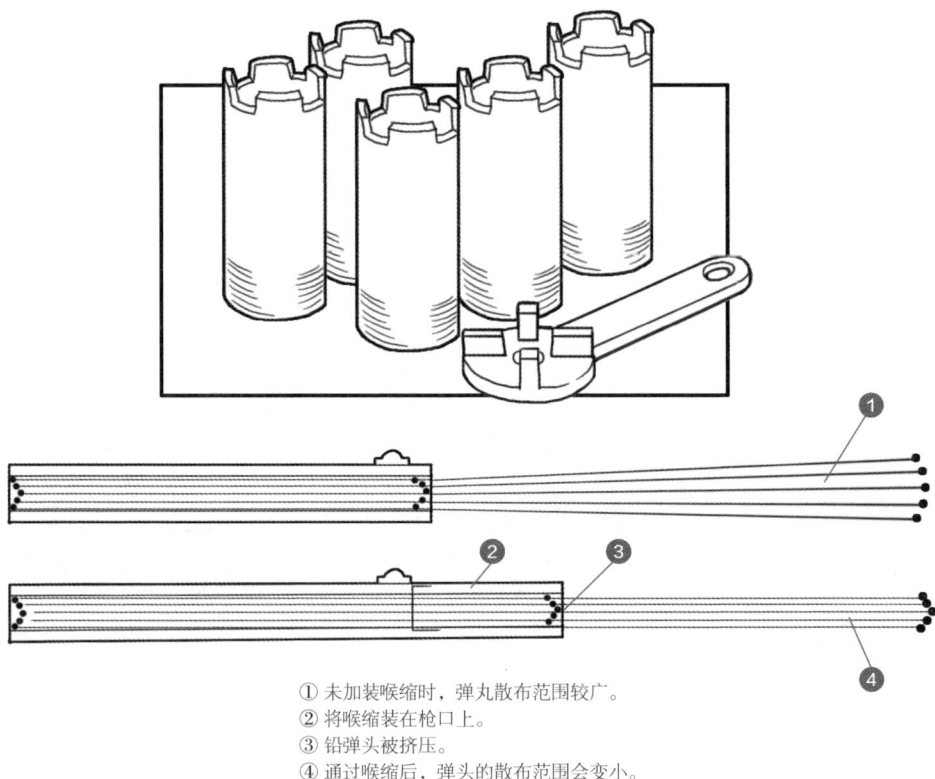

① 未加装喉缩时，弹丸散布范围较广。
② 将喉缩装在枪口上。
③ 铅弹头被挤压。
④ 通过喉缩后，弹头的散布范围会变小。

特警部队装备的霰弹枪通常只会使用鹿弹，如要使用喉缩，则应该使用比 1/1 喉缩低一级的警用喉缩（飞靶喉缩）。此外，虽然安装了喉缩的霰弹枪同样可以发射独弹头弹药，但这样做没有多少意义。因为安装喉缩的目的是为了缩小散布范围，而独弹头弹药不存在这个问题。

弹药种类

霰弹枪的弹药种类很多，比如狩猎用的鸟弹与鹿弹，以及执法用的橡皮弹、催泪弹、高爆弹、穿甲弹与信号弹……几乎涵盖了所有枪械的应用范围。本章节仅介绍一些特警部队常用的弹药。

鹿弹

鹿弹最早是用来猎鹿的，弹头由若干覆铜的铅弹组成，是特警部队用得较多的弹种。鹿弹有多种型号，如 #4、#3、#2、#1、#0、#00 与 #000 等，弹珠的直径越大，弹珠的数量就越少。鹿弹击发时，弹珠的散布直径大致为每米 2 ~ 5 厘米，散布面积与鹿弹型号、枪管长度、喉缩等有关，通常弹珠越小，散布范围会越大。

鹿弹是现代特警部队战斗时的首选弹药，许多人对特警使用的鹿弹型号存在不同的观点。一种观点认为应该更多使用 #0 ~ #000 号弹药，因为大的弹珠具有更大的动能，对目标的损坏效果更好；另一种观点认为应该更多使用 #4 ~ #1 号弹药——这可得到更多的弹珠，从而提高命中概率。

鹿弹型号	#000	#00	#0	#1	#2	#3	#4
弹珠直径(mm)	9.14	8.38	8.13	7.62	6.86	6.35	6.10

鹿弹各型号中的弹珠大小对比示意图	#000	#00	#0	#1	#2	#3	#4

#00 号鹿弹中有 9 颗直径 8.38 毫米的弹珠，#4 号鹿弹则有 27 ~ 34 颗直径 6.10 毫米的弹珠。#00 号鹿弹足以击穿普通汽车的车身和挡风玻璃，而 #4 号鹿弹则不能。通常 #00 号鹿弹在 25 米的距离上能够保证有效杀伤，而 #4 号鹿弹的有效杀伤距离则只有 15 米。

从现在的使用趋势来看，多数特警部队倾向采用 #00 号鹿弹——其在射程、侵彻力、散布面积等方面的综合性能更好。

鹿弹的枪口初速大约是每秒 366 ~ 396 米，击发鹿弹时最好不使用喉缩或仅使用警用喉缩，收得过紧的喉缩容易使弹珠相互挤压变形，从而影响弹道性能。

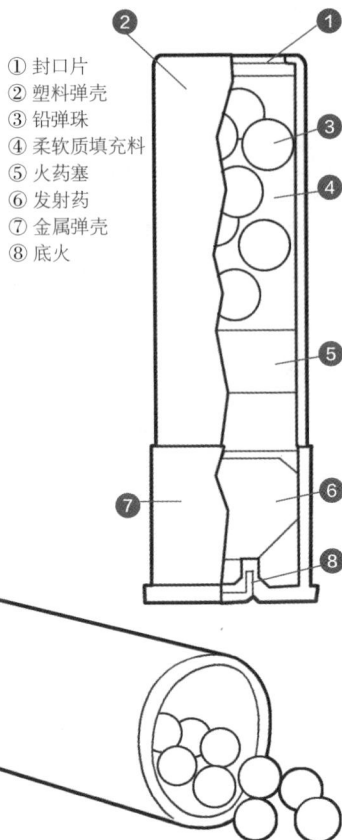

① 封口片
② 塑料弹壳
③ 铅弹珠
④ 柔软质填充料
⑤ 火药塞
⑥ 发射药
⑦ 金属弹壳
⑧ 底火

鸟弹

鸟弹最初是用来猎鸟的弹药。鸟弹中有上百颗小铅弹珠，这些小铅弹珠被装在一个塑料弹托中，与火药隔开。射击时，塑料弹托将小铅弹珠推出枪膛，形成密集弹幕，射向目标。与鹿弹相比，鸟弹的射程要短很多，并且杀伤力很小，通常只能猎杀鸟类或兔子等小型动物，连成年狼这样大小的动物都无法应付。

也正是因杀伤力小，鸟弹有时候会在应付普通骚乱和镇暴中使用——除非抵近射击，否则不会对人体造成致命伤（但其对眼睛的伤害却是巨大的）。现代特警部队已经不会在实战任务中使用鸟弹，不过，因其后坐力小等容易上手的特性，通常会被用在霰弹枪的基础训练射击中。

独弹头弹药

鹿弹在超过 25 米的射程后，散布范围会急剧扩大，在射击 50 米的人形靶位时，具有 9 颗弹珠的 #00 号鹿弹中可能只有 1 ~ 2 颗弹珠能够上靶，当距离延长到 75 米以上时，上靶的可能性就变得更小了。所以如果特警队员要对付 25 米外的目标，最好使用独弹头弹药。

独弹头弹药中只有一颗底部中空的圆锥形铅弹头。由于霰弹枪大多是没有膛线的滑膛枪，无法使弹头旋转以保持飞行稳定性。因此，独弹头在飞行过程中的弹道并不稳定，通常在飞行 70 ~ 100 米后，就会出现翻滚现象，导致准确性急剧下降。

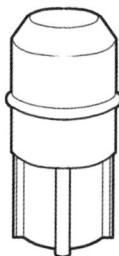

独弹头弹药的弹头动能大，侵彻力惊人，因此常被用来破门（轰掉门锁或门闩）。不过一般用来破门的独弹头弹药会采用一些独特的设计，以避免破门时伤及门后可能存在的人质，或反弹回来伤及特警队员。这些经独特设计后的独弹头更容易破碎（通常采用特殊金属或陶瓷制成），可加速动能的逸散。

带膛线槽的独弹头弹药

为了提高独弹头的弹道稳定性，相关人员设计出了一种带有膛线槽的弹头，这种弹头在 90 米的距离上仍有较好的弹道稳定性——其膛线槽与膛线的作用类似，可使弹头在击发后旋转，以陀螺效应来稳定弹头姿态。

虽然这种带有膛线槽的弹头速度要略慢于不带膛线槽的弹头，但精度要比后者高一倍以上。

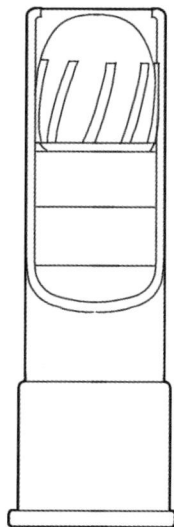

▶ 火药塞（用于集中火药推力，并确保铅质弹体不被高温、高压损坏）

▲ 圆锥形独弹头　　　　▲ 圆头形独弹头

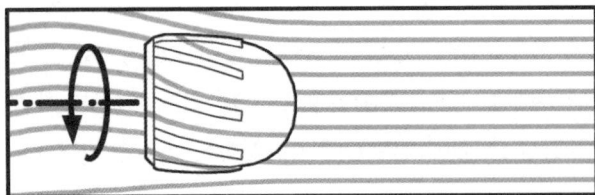

◀弹头在飞行的过程中，气流会流过膛线槽，并产生扭转力矩驱动弹头旋转。

次口径独弹头弹药

近年来，还出现了一些带有膛线的霰弹枪，以及与之配套的次口径独弹头弹药——弹头直径要小于普通独弹头弹药的弹头直径。此外，由于次口径独弹头弹药的弹头直径比枪管口径小得多，所以这种弹药需要有塑料弹托包裹才能封闭枪膛。击发时，弹托受到挤压而变形并嵌入膛线中，让枪膛完全密封，并使弹体旋转。

此外，还有一种瓶塞形的次口径独弹头弹药，它结合了尾翼稳定和自旋稳定两种方式，其重量集中在弹头头部，而中空的尾翼则与气枪子弹结构类似。弹体外包裹着弹托，在枪膛中时，弹托可保证枪膛的密闭并使弹体旋转。在子弹离开枪膛后，弹托会在离心力和阻力的作用下与弹体分离，而弹体在自旋和尾翼的共同作用下，也不容易出现翻滚和姿态改变等问题。

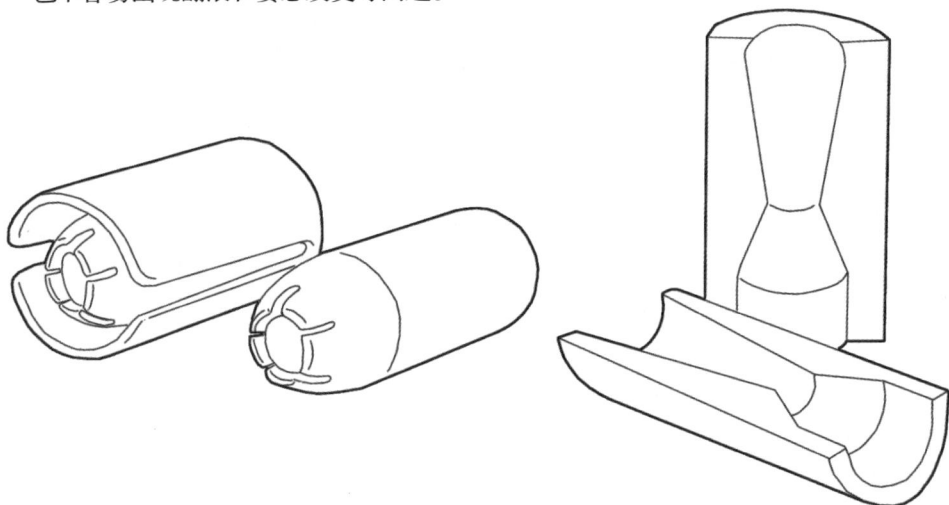

次口径独弹头的这种分离弹托的方式类似于现代坦克发射的脱壳尾翼稳定穿甲弹，其有效射程、枪口初速、准确度都明显好于传统的滑膛霰弹枪。虽然次口径独弹头弹药优势明显，但其无法正常用于滑膛霰弹枪（使用效果很差，还不如普通弹药），而带有膛线的霰弹枪又不适合使用除次口径独弹头弹药之外的其他弹药，这使得次口径独弹头弹药的应用受到了极大限制。

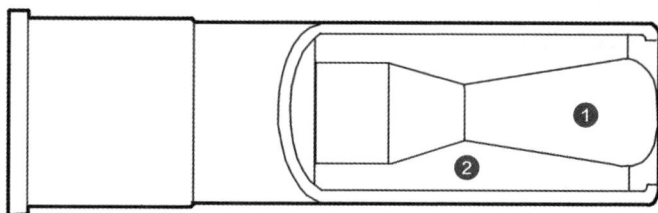

① 次口径瓶塞形独弹头
② 塑料弹托

催泪弹

霰弹枪可用来发射催泪弹，其在 50 米的距离上可击穿 6 毫米厚的木板，并释放催泪瓦斯。催泪弹是特警等执法单位常用的一种非致命性武器，其使用的催泪瓦斯的剂量大小取决于任务的性质。如在驱散骚乱民众时，催泪瓦斯的使用剂量较小，其目的在于驱散骚乱民众，而非使其失去活动能力；在抓捕或攻击室内顽固匪徒时，催泪瓦斯的使用剂量被加大，逼迫匪徒离开藏身之处投降或失去行动能力（若匪徒吸食过毒品，那么其对催泪瓦斯的耐受力会比常人更强，此时需要加大剂量对其使用）。

由于催泪弹中的催泪瓦斯含量有限，所以在向室内发射时，需要一次性发射多枚（一个面积为 25 平方米的房间至少要使用 8 枚以上）催泪弹。不过，在对付人质劫持的事件中，特警队员不应使用催泪弹——其效果相对较慢，匪徒有时间攻击人质，应使用震荡手榴弹或闪光手榴弹。

① 装有催泪瓦斯的弹头
② 发射药

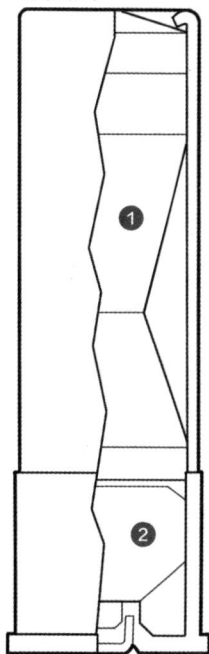

预备状态

　　霰弹枪的保险机构较为简单——只在扳机后方设有一个卡榫，用于防止意外扣动扳机的情况发生，但击锤等击发机构并没有加装保险固定装置。因此，即便卡榫扣在"安全"位置，也不代表这支霰弹枪处于完全的保险状态——一旦出现剧烈的碰撞，仍然可能出现意外走火。

　　正是因为霰弹枪有这样的问题存在，所以除了执行作战任务时，特警队员在其他任何时候都不得将子弹上膛。

**　　霰弹枪通常有四种状态，分别是：**

●空枪状态。

●装填保险状态。

●待击发状态。

●待击发保险状态。

防跌撞保险
这是武器装备的一种安全保护机制，指枪支从 1.5 米高度自由落下，撞击到硬化地面后，不会发生走火。

空枪状态

　　在存放霰弹枪时，特警队员需要执行退弹操作，将枪支设定为空枪状态。当枪膛内仍有子弹或击锤处于待击发状态时，护木会被卡在管状弹仓的前端，此时特警队员可按住枪身左侧的护木释放钮，将护木拉到后方，使子弹从枪膛中退出。空枪时，霰弹枪应该处于如下图所示的状态：

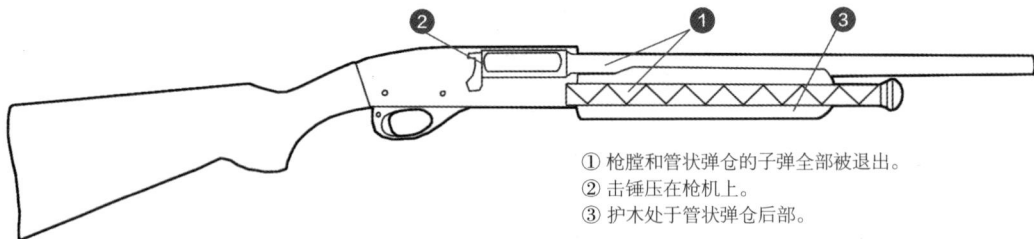

① 枪膛和管状弹仓的子弹全部被退出。
② 击锤压在枪机上。
③ 护木处于管状弹仓后部。

装填保险状态

霰弹枪在很多时候都会处于装填保险状态。这种状态在确保安全的同时，也保证了特警队员的射击速度。任务期间，在最后的突击阶段前，特警队员应让霰弹枪处于这种状态。此时，霰弹枪的弹药并未上膛，而是存储在管状弹仓内，击锤处于释放状态并靠在枪机上，卡榫则扣在待击发位置。若枪膛内已有弹药上膛，特警队员应将枪膛内的弹药退出，然后空枪击发，以释放击锤。在需要上膛时，特警队员用左手拉动护木做一次往复运动即可。

装填保险状态下的霰弹枪，如下图所示。

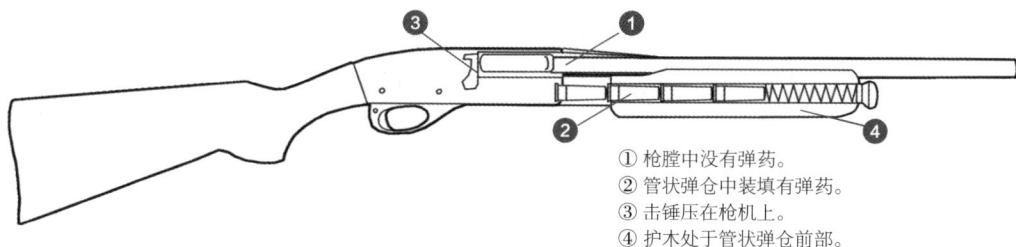

① 枪膛中没有弹药。
② 管状弹仓中装填有弹药。
③ 击锤压在枪机上。
④ 护木处于管状弹仓前部。

待击发保险状态

这种状态常用于突击阶段中，特警队员即将攻击目标前的时期。此时，霰弹枪应该处于如下状态。

- ●枪膛中装有弹药。
- ●管状弹仓也装填有弹药。
- ●击锤处于击发状态。
- ●护木位于管状弹仓前方。
- ●保险卡榫处于"安全"位置。

此时，射手扣动扳机的食指应放在扳机护圈之外。需要注意的是，射手在射击时应先将保险卡榫置于"待击发"位置，然后才能扣动扳机。若顺序颠倒，则会非常危险。因为，虽然扳机被扣动时会被卡榫卡住，且不会击发，但在这之后保险卡榫被释放时，霰弹枪会立刻被击发。

待击发保险状态并不安全，霰弹枪在意外跌落或受到撞击时，仍然可能出现走火。因此，特警队员在执行任务时，若危险已排除或已减低到足够安全的地步，便应该立刻将霰弹枪的状态改为装填保险状态。

待击发状态

这是霰弹枪的战斗状态，只有到射击的最后时刻才会被用到。与待击发保险状态相比，特警队员需要将保险卡榫置于"待击发"位置，并把食指置于扳机护圈之内。一旦暂时没有射击机会，特警队员就应该立刻将保险卡榫置于"安全"位置，且把食指置于护圈之外（根据安全形势的变化，甚至需要将霰弹枪退回到装填保险状态）。在待击发状态下，霰弹枪应该处于如下图所示的状态。

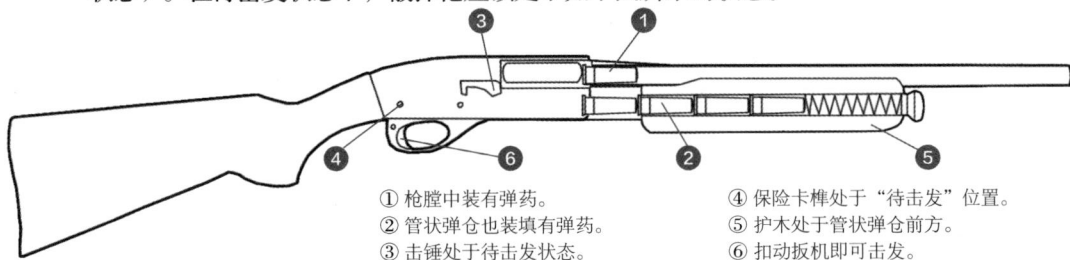

① 枪膛中装有弹药。   ④ 保险卡榫处于"待击发"位置。
② 管状弹仓也装填有弹药。   ⑤ 护木处于管状弹仓前方。
③ 击锤处于待击发状态。   ⑥ 扣动扳机即可击发。

从调查数据来看，霰弹枪出现意外的概率要高于其他枪械。这其中主要的原因在于使用者未能正确熟练使用霰弹枪的几种状态，比如在应该使用携带或存储状态时，错用成了待击发状态。

排除卡弹

任何一种枪械都存在卡弹的可能性，霰弹枪也不例外。霰弹枪在出现卡弹故障时，射手应立刻藏身掩蔽物处，并寻求火力掩护，然后才能进行卡弹排除操作。

霰弹枪卡弹的排除

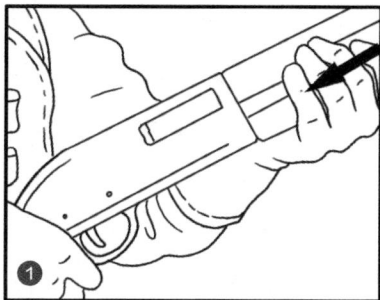

① 右手按下护木释放钮，左手将护木拉到管状弹仓后方。

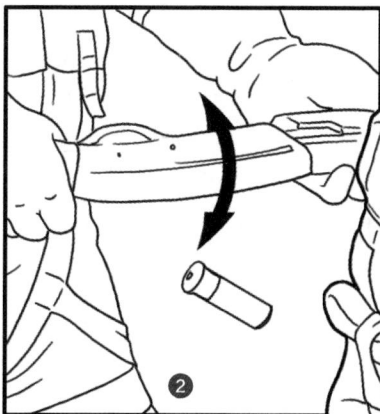

② 水平握持枪身，让抛弹口朝下，并快速摇动枪身，将弹壳抖出来。若卡得较紧，可将手指伸入枪膛中抠出弹壳。
③ 若仍无法解决问题，可将枪身竖立，用枪托撞击地面，将弹壳抖出。

当完成以上操作且排除卡弹后，在条件允许的情况下，特警队员应试射一发。若排除失败，特警队员应该立即改为用手枪进行战斗。

霰弹枪卡弹后的紧急自卫

若霰弹枪在射击过程中突然出现卡弹故障,特警队员没有或来不及找到掩体物,则应该立刻拔出手枪进行自卫射击。

▶ 射击时出现卡弹问题。

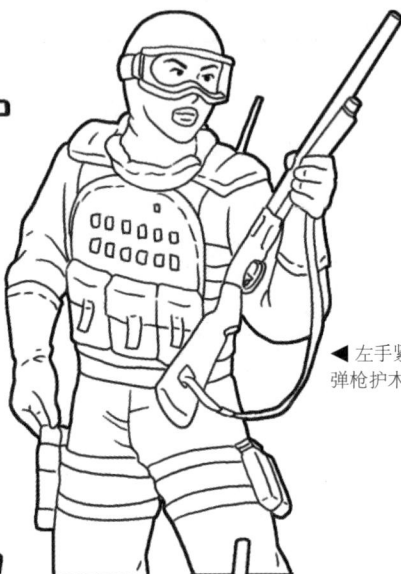

◀ 左手紧握霰弹枪护木。

▶ 右手拔出手枪,握持霰弹枪的左手收回到胸前,防止枪支被抢夺。

◀ 握持手枪的右手伸出,直指目标。若目标距离很近,则右手不得向前伸出,应收于腰高位置或靠近胸部。

霰弹枪持枪姿势

特警队员在不同的环境下，应采用不同的持枪姿势。这不但可以提高反应速度，还便于行动。

低调持枪

特警队员用右手握在扳机护圈后部，将霰弹枪垂直收于身体右侧，使枪口朝上。这种持枪姿势有助于特警队员在狭小空间中的运动——因为其枪身靠在身体上，且枪口朝上，所以不会碰到周边物体，也不会对周围的队友造成潜在危险。

低调持枪姿势可以迅速转为任何一种射击姿态。同时，特警队员也可以在不利于举枪射击的时候，用枪托作为打击武器，砸向对手。因此，除非匪徒已经近在咫尺，通常特警队员在交火区域外围运动时，都习惯采用这类持枪姿势。需要注意的是，无论特警队员使用哪种持枪姿势，一旦进入任务的执行阶段，就应该将霰弹枪设定在装填保险状态。

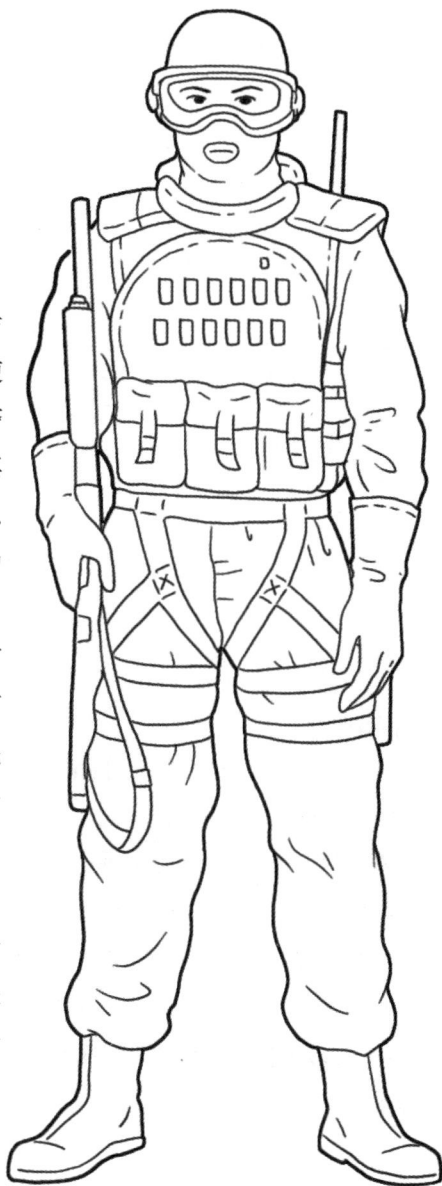

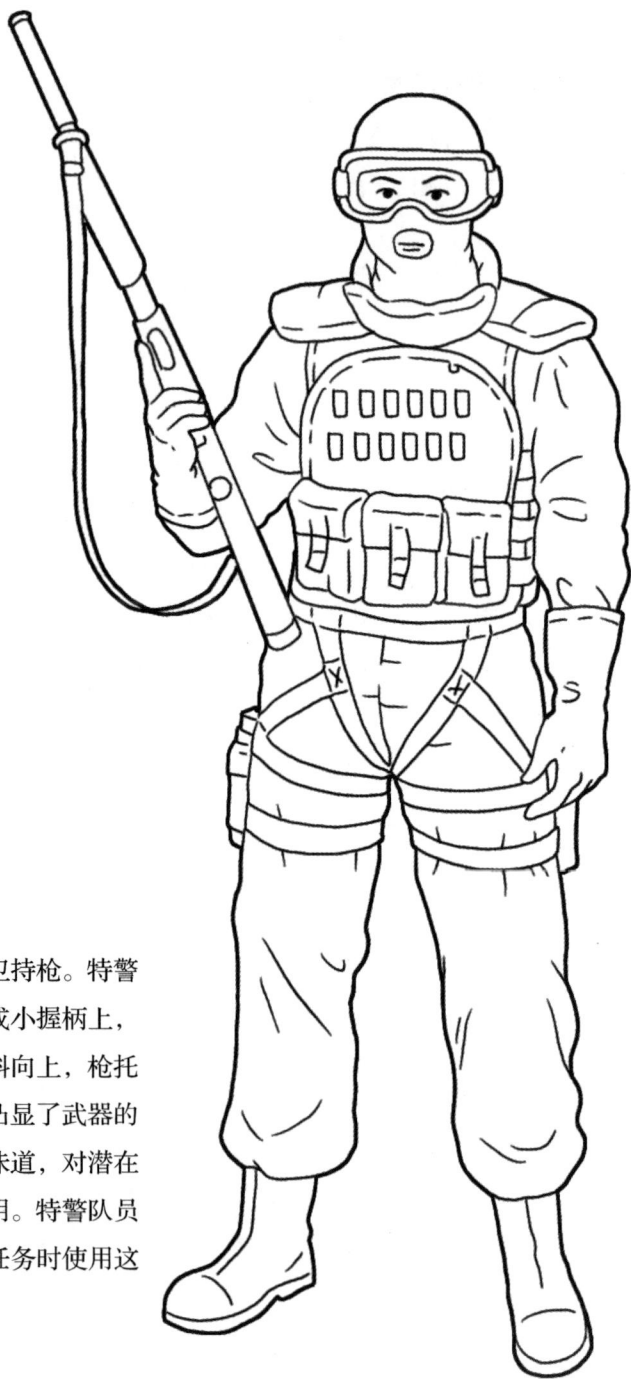

高调持枪

又称为路障持枪或警卫持枪。特警队员右手握在霰弹枪枪托或小握柄上，使枪身与小臂紧靠，枪口斜向上，枪托靠在腰部右侧。这种姿势凸显了武器的存在，带有几分攻击性的味道，对潜在的匪徒具有一定的震慑作用。特警队员常在执行外围警戒封锁等任务时使用这种姿势。

肩部挂枪

　　将霰弹枪挂于右肩，使枪口垂直朝下。这种姿势最为低调舒适，并具有较短的反应间隙，此外还利于特警队员腾出双手进行其他作业。这种持枪姿势适用于长时间行进、警戒、日常守卫等任务。需要注意的，射手若身材较为矮小，那么在蹲下、坐下、跪下时，要注意不让异物进入枪口。

　　特警队员通常不会采用枪口朝上的挂枪方式——枪背带通常挂于枪管的后部护木上，若枪口朝上，必然会导致枪口远高于肩部，不但容易凸显枪支，还容易与周边物体发生剐蹭，此外这也会增大异物进入枪管的可能性。

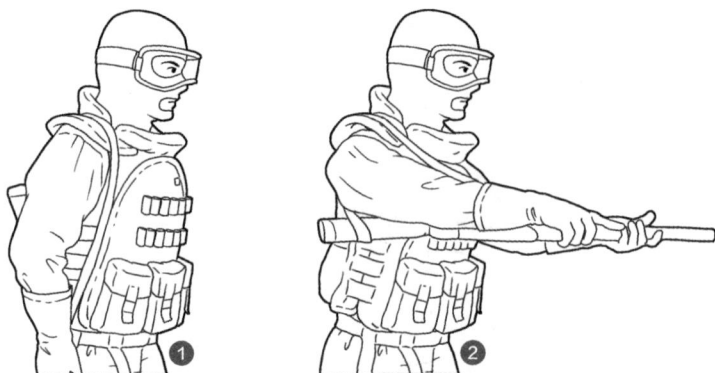

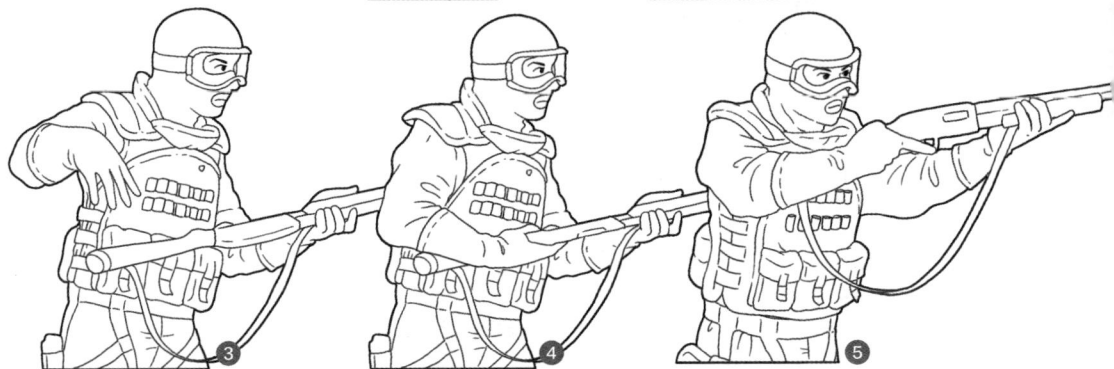

肩部挂枪转立姿射击

① 肩部挂枪，右手紧握护木。
② 提枪至胸部下方，使枪身呈水平状态，并以左手握持护木。

③ 右手缩回，背枪带从肩部滑落。
④ 右手握持枪托，将枪身扭转至正常状态。
⑤ 双手握持霰弹枪，枪托抵肩，进入立姿射击姿势。

双手持枪

　　这种姿势的安全系数高，适合于战斗中的机动或其他剧烈运动，可随时转换为射击姿势。当特警队员双手持枪时，霰弹枪应是斜向上横于胸前的状态。

胸背斜挎

在执行任务时，特警队员通常不会采用这种姿势——这种姿势不利于快速转入射击状态。若加长枪带长度，虽然有利于特警队员提升提枪上肩的速度，但却会使霰弹枪在常态下固定不稳，容易发生晃动。此外，当发生近身格斗时，套在躯干上的枪带会影响特警队员的格斗动作，甚至会勒住特警队员的脖子。此外，若有人夺枪，这种姿势虽然可暂时避免枪支被夺，但却会使特警队员与夺枪者纠缠在一起——此时，如果身体没有被枪支背带缠绕，当有人夺枪时，特警队员可以松开手，顺势将对手推离身前，并迅速拔出手枪进行射击。

霰弹枪射击姿势

因为霰弹枪的后坐力远远大于手枪、冲锋枪、步枪，所以在霰弹枪的射击姿势中，对后坐力的控制和驾驭是提高射击有效性的关键。由于霰弹枪的跪姿射击和卧姿射击与步枪的射击姿势基本相同，所以本章节仅介绍霰弹枪独有的一些射击姿势和射击要求。

① 枪托应该紧抵在肩关节内侧，否则巨大的后坐力会引起不必要的疼痛感。
② 在冲锋枪和步枪的立姿射击中，左手通常只是托住护木，以确保瞄准的准确度。而在使用霰弹枪时则需要左手紧握护木，并尽量向前支撑住护木，以减小后坐力的影响。

立姿抵肩射击

立姿抵肩射击的准确度较高，适用于在近距离没有威胁的情况下使用。不过由于霰弹枪较重，长时间平举霰弹枪很容易造成特警队员的身体疲劳。此外，由于枪身较长，抵肩瞄准射击时，射手对近处的视距敏感度会降低。

由于这种射击姿势的灵活性和反应能力较低，所以当目标接近且迅速移动时，特警队员应该立刻改变射击姿势。

当立姿射击结束或匪徒已被制服时，为避免手臂疲劳，特警队员应让枪口下垂，并将枪托靠在肩部。这样不但可以适当减轻手臂负荷，还可以扩大观察视野，并保持射击反应速度。

当需要押解匪徒时，由于笨重的霰弹枪容易被抢夺（双方距离较近），所以，特警队员应改为使用手枪进行押解或临时看守任务，并将霰弹枪挂在肩上。

腋下端持射击

　　将霰弹枪的枪托紧紧夹在右臂腋下，靠上半身的转动来控制枪口指向——这是霰弹枪的主要射击方式，它能确保射手具有良好的视野，并缩短了枪管伸出的距离。虽然射击准确性大大降低（通常只能在15米以内维持较好的精度），但考虑到霰弹枪的弹头散布和应用环境，这种射击方式仍具有良好的效果。

① 左手紧握护木，并尽量向前支撑。左手位置越靠前，射击的稳定性越好。
② 左脚向前跨出，身体前倾，身体重心与左脚在同一垂线上。
③ 身体侧向右侧，与瞄准线大致呈45°夹角。
④ 保持枪管水平。
⑤ 枪托紧紧夹在肩臂处，否则射击时巨大的后坐力会使枪口上扬。

当匪徒被制服,需要暂时押解
或看守时,特警队员可让枪口略微
下垂,右手食指置于扳机护圈外。
当特警队员身处走廊或建筑物拐角
处时,则应将枪向后收于身体右侧,
并保持水平状态,避免被可能躲在
拐角处的匪徒夺走枪支。

单手射击

在正常情况下,特警队员不会采用单手射击的姿势。靠单手握持并使用后坐力
巨大的霰弹枪,射击效果是很差的。但若出现特殊情况或射手一只手臂受伤时,则
只有进行单手射击。

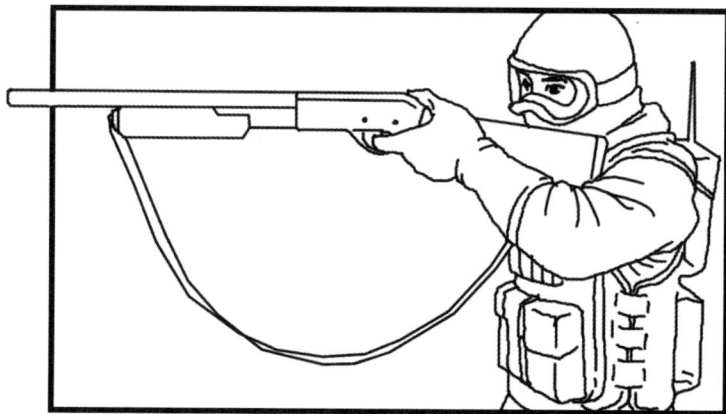

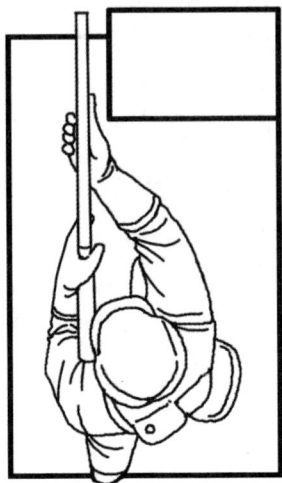

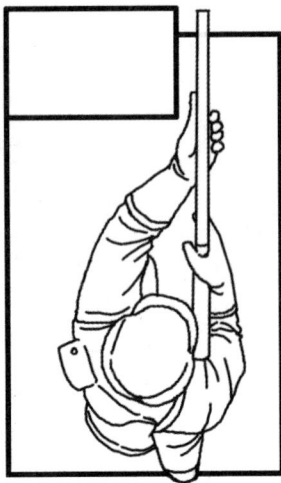

左右手射击

为了应对各种不同的情况，并充分利用射击掩体，特警队员通常会被要求练习左右手的射击。熟练掌握左右手射击，会极大提高特警队员的战斗灵活性和自身的安全系数。

霰弹枪操作

退膛与退弹

在霰弹枪需要进行存储或维护保养时，应该将枪内的弹药取出。在退出霰弹枪枪内的弹药时，一些使用者会不断拉动护木，将弹药逐一上膛，再通过抛弹口取出来。这种做法不但效率低下，还容易损坏弹体，并出现意外走火的情况。正确退膛退弹程序如图所示。

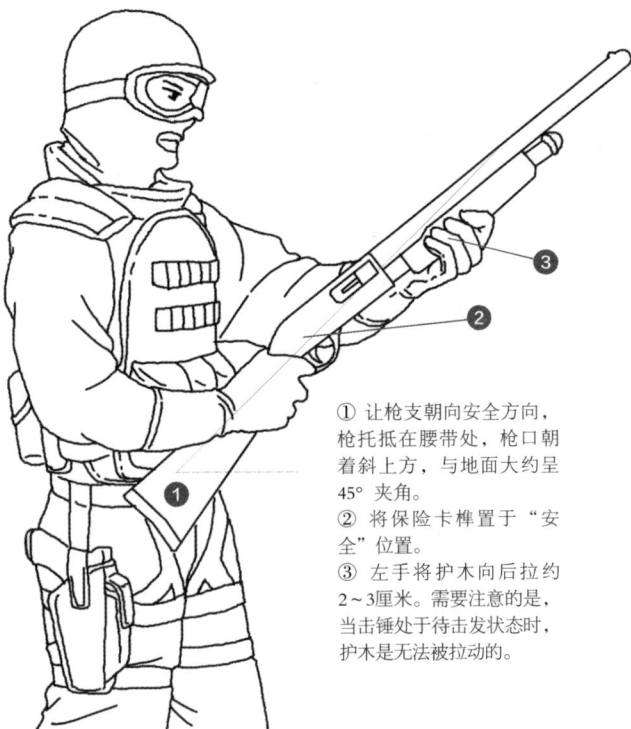

① 让枪支朝向安全方向，枪托抵在腰带处，枪口朝着斜上方，与地面大约呈45°夹角。
② 将保险卡榫置于"安全"位置。
③ 左手将护木向后拉约2～3厘米。需要注意的是，当击锤处于待击发状态时，护木是无法被拉动的。

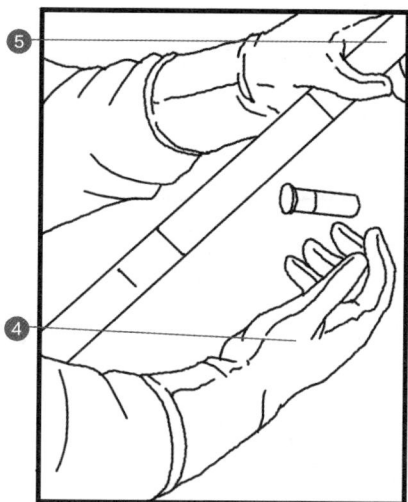

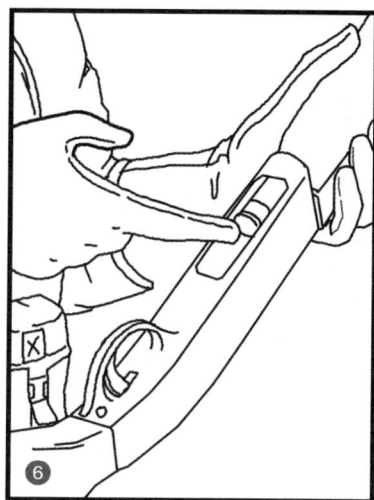

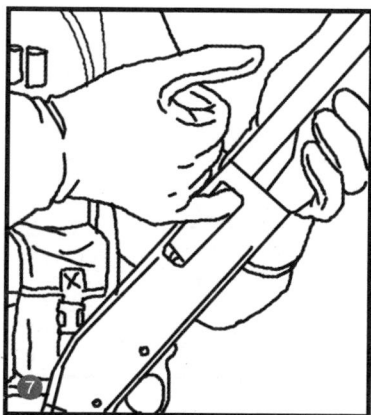

④ 用左手将枪身顺时针扭转90°，让抛弹口朝下，并将右手手掌置于抛弹口下方。

⑤ 左手快速地将护木向后拉到底，若弹药已经上膛，此时弹药会从枪膛中退出来，经抛弹口掉进右手掌中。管状弹仓中的下一发弹药会因为护木的拉动而被送进枪机室。此时，不要将护木退回前方，否则这发弹药就会被推入枪膛中。这时特警队员可以摇晃枪身，让这发弹药从抛弹口掉出来。

⑥ 翻转枪身，让管状弹仓口朝上，用手指按下弹托和里面的限制机构，让余下弹药逐一经弹仓口滑落。

⑦ 最后再检查一遍枪膛、枪机室、弹仓，用手指逐一探摸，以确认其中已无弹药。

上弹

　　上弹前应该先检查一遍枪膛、枪机室、弹仓里是否有弹药。如发现有弹药存在，应先退出这些弹药。霰弹枪上弹程序如下图所示。

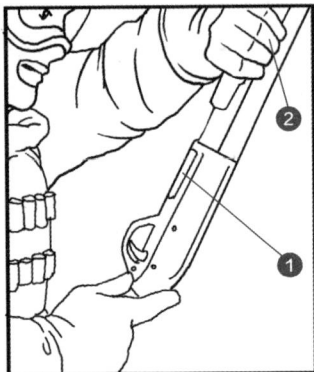

① 枪托抵在腰带处，翻转枪身，使弹仓口朝上。
② 左手抓住护木，将其推向前方，并保证护木被释放钮卡在最前端。

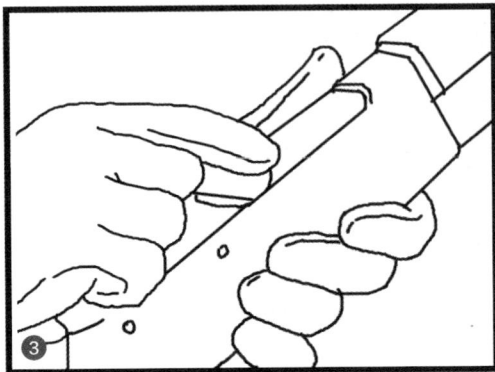

③ 将子弹逐一推入弹仓内，并保证弹仓限制机构能够顶在弹药底部。

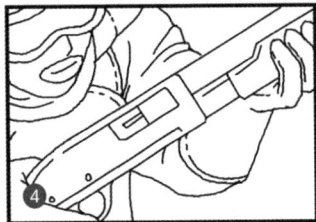

④ 装弹完毕后，按下护木释放钮，左手把护木拉到中间位置，并透过抛弹口观察枪膛和枪机室，确保里面没有弹药。注意不要将护木完全拉到后方，否则会有弹药被送进枪机室。

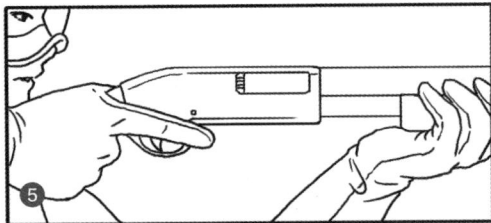

⑤ 左手将护木推回前方，然后扣动扳机，释放击锤。接下来，将保险卡榫置于"待击发"位置。此时，霰弹枪就处于装填保险状态下了。

上膛与击发

在通常情况下，只有当射手决定实施射击，并以处于射击姿态时，才能为将霰弹枪上膛。

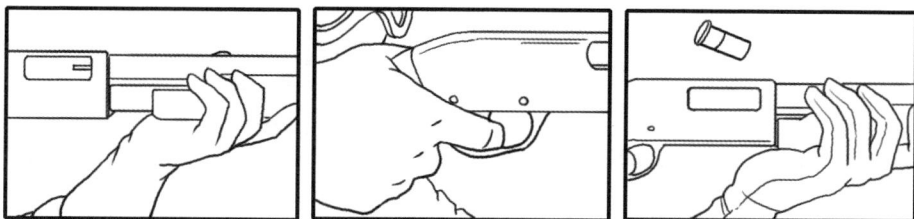

① 霰弹枪处于装填保险状态。如射手需要由携行姿态转为射击姿态时，则应左手紧握护木，快速利落地拉送护木一次，使弹药上膛。需要注意的是，如果射手左手的动作过于缓慢轻柔，会导致霰弹枪卡弹。

② 瞄准目标，扣动扳机，弹药被击发。

③ 如需要进行连续射击，射手应该在射击后用左手重复拉送动作，将枪膛内的弹壳抛出，并推动弹仓中的下一发弹药上膛。

转入装填保险状态

第一步：按照前文所述的"退膛与退弹"方法退出已经上膛的弹药和退出枪机室内的下一发弹药。

第二步：按照前文所述的"上弹"方法，将退出的两发弹药装回弹仓中，并朝着安全方向扣动扳机，释放击锤。

快速上膛

因为霰弹枪没有空仓挂机的功能，所以在击发了弹仓中的最后一发弹药后，并没有任何特征能够提醒射手弹药已耗光。因此，特警队员要时刻注意弹仓中剩余弹药数。

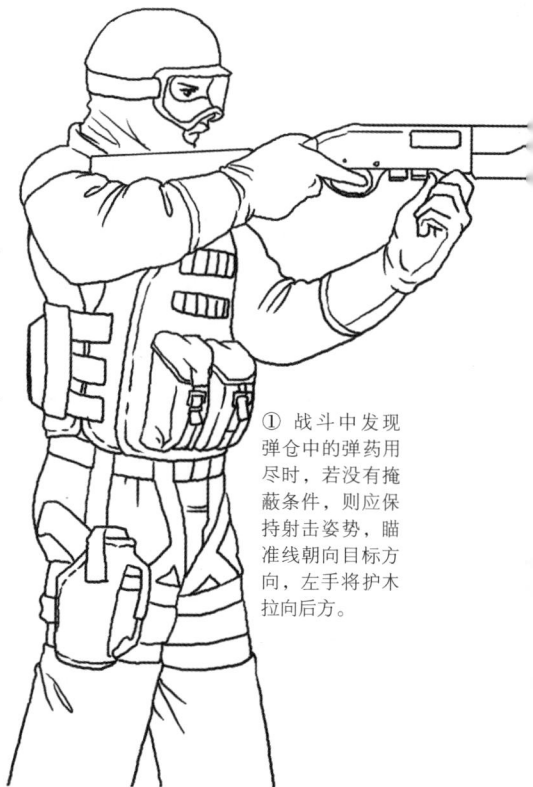

① 战斗中发现弹仓中的弹药用尽时，若没有掩蔽条件，则应保持射击姿势，瞄准线朝向目标方向，左手将护木拉向后方。

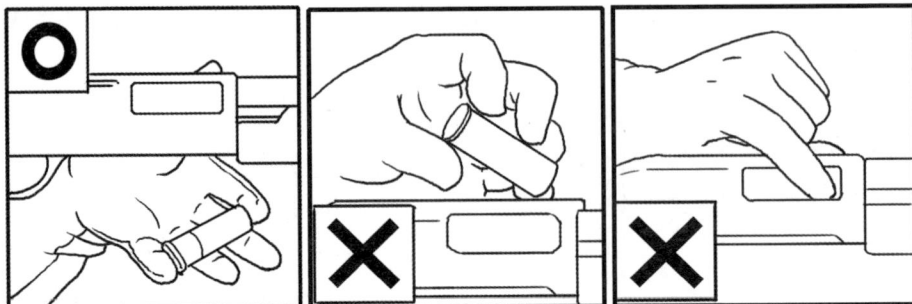

② 从子弹带中取出弹药,以小手指和食指夹住弹药底部和头部,从枪身的下方反手送入抛弹口。

③ 不要正手从枪身上方将弹药送入抛弹口中,这样会挡住射手的视线,并且一旦失手,弹药会掉在地上。

④ 如需进行连续射击,射手则可在射击后用左手重复拉送动作,将枪膛内的弹壳抛出,并从弹仓中推动下一发弹药进行上膛。

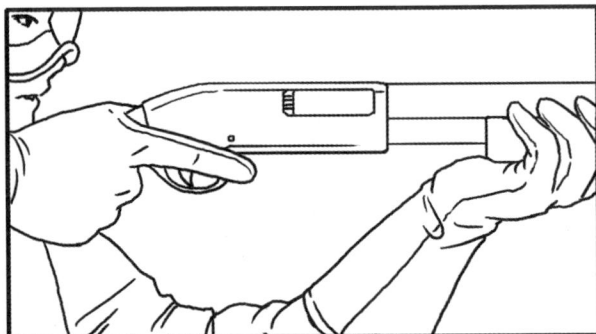

⑤ 左手将护木推向前方,弹药就会立刻上膛。

此外,由于霰弹枪的弹仓容量有限,因此特警队员会利用战斗中的任何机会来装填弹药。

临时更换弹种

一般来说,霰弹枪会配有多种弹药。虽然在行动前,特警队员会根据任务需要,对霰弹枪的弹药进行预装填,但在执行任务的过程中,往往需要临时变更弹种。

▲ 保持射击姿势，瞄准线不离开目标方向。左手向后拉动护木，如果弹药已经上膛，此时弹药会从抛弹口抛出。

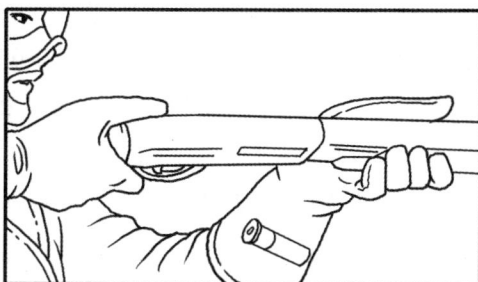

▲ 扭转抛弹口，使其朝下，让已进入枪机室的下一发弹药掉落。

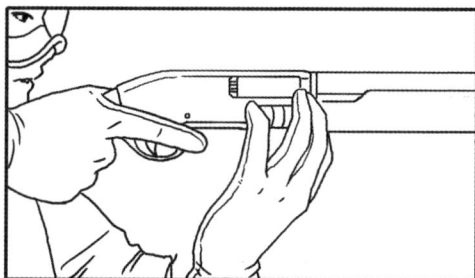

▲ 此时枪膛和枪机室中都没有弹药，左手取下需要装填的弹药，然后将新的弹药送入抛弹口。

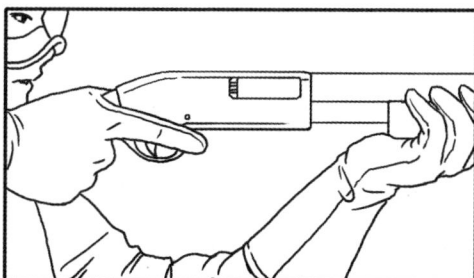

▲ 左手将护木向前推，使弹药上膛，最后扣动扳机即可。

霰弹枪安全使用与保养

在安全使用与保养方面，霰弹枪与其他枪种稍有不同。一般来说，需要注意以下使用与保养的技巧：

●不能使用钢制标靶作为霰弹枪近距离射击训练目标。霰弹枪独弹头弹药巨大的冲击力会将标靶打变形；而普通霰弹的铅弹珠打在钢标靶上则会碎裂并四处飞散。

●无论是在训练时，还是在实际任务中，只要使用霰弹枪作战，所有参与训练或行动的队员都必须佩戴能够防破片的护目镜。

●由于霰弹枪弹药种类很多，且外观相近，因此必须针对不同弹药明确指定携带位置，以避免使用时出现错误。

●由于霰弹枪的保险装置过于简单，且可靠性不高，因此特警队员要养成将扣动扳机的食指置于扳机护圈之外，且枪口朝向安全方向的习惯。同时，特警队员还要尽量使霰弹枪处于装填保险状态。

●在长时间存储霰弹枪前，应该用棉花堵住枪口，并解除各个弹簧机构的张力，且退掉所有弹药。

●唧筒式霰弹枪的弹药是以首尾相接的方式装在弹仓中的，在退弹之后，应该用手指探摸一下弹仓口，以确认退弹完毕。

●为了让霰弹枪保持良好的状态，应严格按照要求进行保养。

●定期对霰弹枪进行拆解检查，以利于及早发现损坏的部件。

●霰弹枪较其他枪种而言更容易受到灰尘、杂质、火药残留物的影响。因此，使用后应对其进行彻底清理。

●枪管和枪机内应该抹上一层薄油脂。

特警部队装备最为广泛的霰弹枪

雷明登 870

雷明登 870（Remington Model 870）又称 M870，是由美国雷明登公司（Remington）所研制的泵动霰弹枪，在军队、警队和民间市场中颇为常见。雷明登 870 是雷明登公司研发的四种泵动霰弹枪系列中的一种。约翰·本德森（John Pedersen）在早期设计出了雷明登 10（Remington Model 10，改进后名为 Remington Model 29），后与约翰·勃朗宁（John Browning）一起进行设计工作，设计出了雷明登 17（Remington Model 17，改进型为 Ithaca 37）及雷明登 31（Remington Model 31）。但与当时的温彻斯特 1912（Winchester Model 1912）相比，雷明登 31 的市场表现欠佳，雷明登公司为了寻求更佳的市场占有率，在 20 世纪 50 年代推出坚固耐用、可靠、价钱低廉的雷明登 870。

雷明登 870 系列的销售量巨大，仅 1973 年的销售量就高达约二百万把。1996 年，雷明登 870 Express 的销售量超过七百万把——雷明登 870 系列是美国史上销售量最大的唧筒式霰弹枪。雷明登 870 系列在底部装弹，弹壳从机匣右侧排出，管状弹仓在枪管下部，其采用了双动式结构、内部击锤设计与枪管内延长式枪机闭锁。雷明登 870 系列的主要竞争对手是莫斯伯格 500。

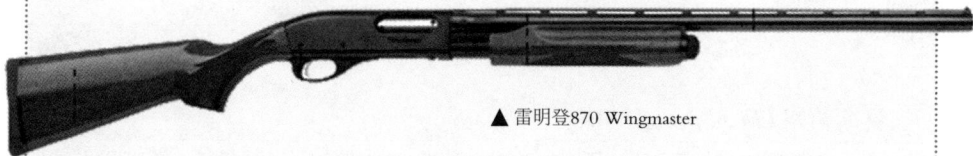

▲ 雷明登870 Wingmaster

▲ 雷明登870 Express

雷明登 870 系列有上百种版本，主要可以分为以下几个分支。

● Wingmaster：采用抛光木制枪托。

● Express：采用雾珠式防滑面，椴木或合成纤维护木。

● Marine：采用合成纤维护木及镀镍金属零件。

● Police：采用烤蓝或磷酸盐设计，拥有椴木或合成纤维护木。

● Tactical：采用全黑色调，拥有 18 英寸或 20 英寸枪管、改进套筒及后座垫。其 8 发弹仓可再加 2 或 3 发存弹量，并有三种不同枪托可供用户选择（独立握把式、两种折叠枪托握把式）。

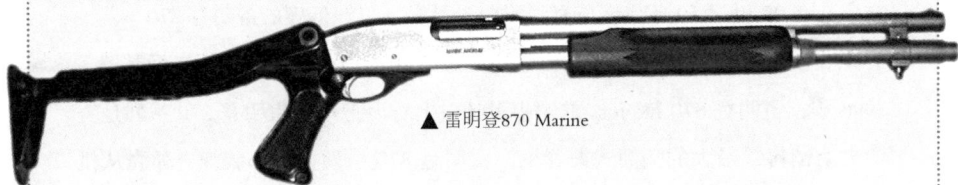

▲ 雷明登870 Marine

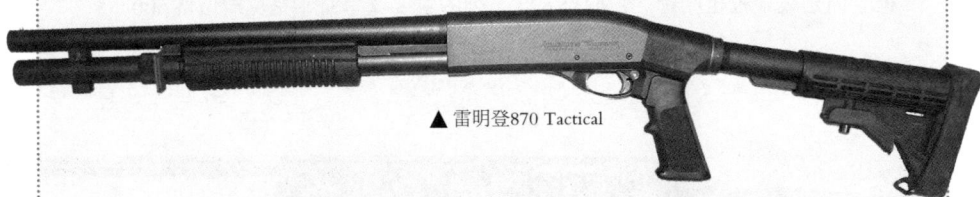

▲ 雷明登870 Tactical

莫斯伯格（Mossberg）500

　　莫斯伯格 500 系列 12 号霰弹枪是美国莫斯伯格父子公司专门为警察和军队所研制的，主要有 ATP6 和 ATP8 这两种型号，而每种型号又有全托型枪托和不带枪托的小握把型两种产品。

　　莫斯伯格 500 系列霰弹枪的设计精良，枪身重量轻，整体平衡性也较好，能发射所有马格努姆弹药且可获得最佳的散布精度，其小握把型更是可在窄小空间的战车内使用。

在莫斯伯格 500 系列霰弹枪的两种主要型号中，ATP6 为 6 发弹型，枪管长 470 毫米；ATP8 为 8 发弹型，枪管长 508 毫米。莫斯伯格 500 系列的枪管为进行过强装药试验的圆筒弹膛，机匣由铝合金制成，枪机由钢制成（闭锁时枪机可直接锁入枪管节套，以降低机匣受力）。

莫斯伯格 500 系列霰弹枪设有两个保险：一个是在机匣顶部用拇指操纵的保险，另一个是扳机保险。而枪机有两个防止抛壳失灵的抓壳钩，滑动机构有两根防止操作时扭曲或卡位的导杆。此外，莫斯伯格 500 系列霰弹枪的枪口均配有防跳器。防跳器的上表面开有一道切口，可使火药气体上喷，从而抵消一部分枪口上跳势能。在配件方面，该系列霰弹枪的金属零件大多会经过发蓝处理、磷化处理或无电镀镍处理，而全托型的枪托更是用浸油硬木或处理过的粗糙胡桃木制成。

▲ 莫斯伯格500 12GA.战术霰弹枪

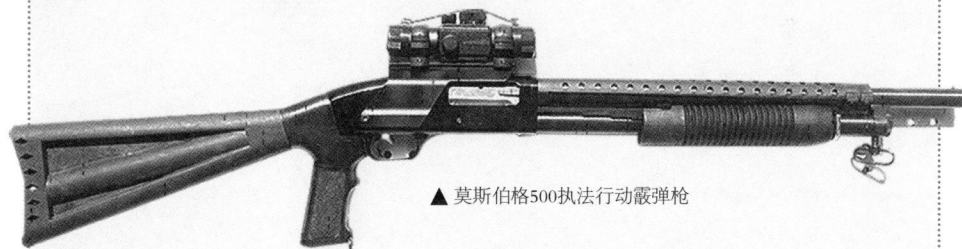

▲ 莫斯伯格500执法行动霰弹枪

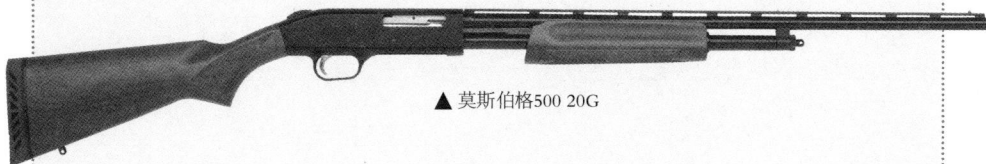

▲ 莫斯伯格500 20G

第九章
战术通信

战术通信

战斗通信是有效指挥部队实施行动的最重要的保障手段。在现代军事行动中，通信的畅通与否直接关系到任务的成败。由于战斗的协同性变得越来越重要，所以特警在行动中对无线通信的依赖越来越强，对通信机动性的要求也越来越高。但在实际行动中，无线通信却常常出现问题，这些问题主要有以下几种。

- 器材性能不够稳定，导致通信不畅。
- 电池容量小或设备功耗太大，导致通信设备持续工作时间短。
- 地形和环境复杂，对通信信号造成阻碍。
- 通信设备功率有限，有效通信距离过短。
- 环境中无线信号复杂，易造成相互干扰。
- 容易被人为干扰和窃听。
- 使用者缺乏训练，通信程序混乱。

因此，对于特警部队来说，掌握多种通信手段是极为重要的。

战斗中若出现指挥官和队员、队员与队员间通信不畅，就意味着整个行动的失控——这对于执行高风险任务的特警队员来说，是极为危险的。一支特警部队的通信装备技术水平和通信手段运用水平，可作为衡量一支特警部队专业水准和任务能力的重要参考指标。

特警部队应该具备多种通信能力和手段，并有效灵活地运用这些手段。

无线通信

无线通信是现代特警部队的主要通信方式，这是由现代特警作战的特征和无线通信的优点决定的。

无线通信的优点

无线通信机动灵活，不受视野限制，不受参与通信人数限制，无须指定收发信息的地点。其中，对于特警部队来说，用得最多的是无线语音通信，这种通信方式更为直接，信息量更大更准确。而且，这种通信方式操作简单，无需特警队员进行太多的专业训练。

无线通信最大的问题在于能够被干扰和窃听，这一点让执法单位对其又爱又恨，但综合考虑特警的任务特点和无线通信的优势，加之加密和抗干扰技术的提升，无线通信仍然是特警部队的首选通信方式。

为了减少无线通信干扰问题，特警部队在展开任务之前会对现场进行侦察，其中就包括对当地无线通信环境的侦察——根据所收集到的情报，对所有可能出现的问题进行分析，并制定相应的计划（比如在可疑爆炸物30米范围内不得使用任何无线通信设备，以免无线电波诱发爆炸物的点火装置）。

人为无线干扰

特警部队在执行任务时，常会受到通信干扰与窃听。故特警部队在执行任务时，需要考虑到犯罪分子或第三方相关者可能具有的监听无线通信的能力。干扰与窃听的方式主要有以下几种。

●通过电波扫描器材（而该类器材通常比较容易获得）搜索到执法单位的通信频道，然后对该频道进行监听。

●通过同频率器材，对执法单位的内部通话进行干扰，或发布虚假信息，冒充特警队员发出错误信息，以及通过内部通话获取特警部队的部署和战斗情况。

●对通信频段进行电磁干扰，让执法单位的通信失效或混乱——可对某个频率进行特定干扰，或对大部分频率进行覆盖干扰。

暗语卡

　　精良的通信设备、高超灵活的通信技术、严格的通信规范和详细的行动计划是对抗无线通信干扰的主要凭仗。特警部队在行动期间，应尽可能缩短通信时长，提高通信效率。其中最简单有效的方式是使用暗语，即以一系列的密码暗语来代表既定的通话内容。暗语与实际内容的对应关系会被印刷在一张卡片上，特警队员通常会被要求熟记其中的内容，一旦卡片丢失或多次使用后，相关人员则会对内容进行重新设定。

暗语卡（示例）

01：已抵达现场	13：进入高度戒备
02：停止无线通信	14：人质安全
03：请报告情况	15：发现人质
04：已完成任务	16：已拘捕一名匪徒
05：撤退	17：展开攻击
06：请报告位置	18：发现歹徒行踪
07：改用备用频道	19：有队员受伤
08：身份鉴别密码 +3（见后文）	20：没有任何发现
09：人质受伤	21：发现遥控或定时爆炸装置
10：通信有干扰或窃听	22：发现放射性物质或有毒气体
11：我受伤	23：暂停攻击
12：要求增援	24：启动备用方案

备用频道

　　特警部队会根据现场情况，选择较少被使用的无线频道，以减少与其他无线通信相互干扰的可能。此外，特警部队的通信设备具有可调多频道能力，因此在任务期间可指定一个或多个备用频道，以增强抗干扰的能力。

　　一旦怀疑通信受到人为干扰，特警队员并不会在无线通信中谈及此事，而是加大通信设备功率，减慢语速，重复重要内容，并发出相关暗语通知队友和通信指挥中心。在通信指挥中心发出更换到备用通信频道的暗语后，特警队员可将无线通信频道更换到预备频道上。随后，通信指挥中心会安排专门的人员在原有频道上继续发布虚假通信内容，让干扰者认为干扰仍然有效。

24 小时制报时方法

　　为了避免混乱，特警队员行动期间必须统一时间。为了让无线通信中的时间信息更为清晰简短，特警部队会采用 24 小时制，如早上 8 点会被表述为 0800，正午 12 点会被表述为 1200，凌晨 0 点会被表述为 0000。为了提高保密性，在某些情况下特警队员可对真实时间约定一个偏移规则（暗语方式），即用偏移量来掩盖真实时间，如用暗语 05 代表时间提前 10 分钟，那么 120005 就意味着是上午 11 点 50 分。

呼叫代号

　　在特警部队的任务通信中，通常都不会使用特警队员的真实名字（一些关键物品也同样适用于这个规则）。每次通信时，特警队员都会先报上自己的代号，接着再报上通信目标人物的代号，然后说出通信内容，最后是通信结束语。需要注意的是，特警队员选择的代号的发音要清晰简短，不易出现误会。如：石头代表指挥官，大山代表搜索队员。

　　"大山呼石头，over。"

　　"石头收到，over。"

　　"大山呼石头，暗语 15，over。"

　　……

　　以此方式进行通话，所有队员即便共用一个频道，也不会使整个通信出现混乱。

语音字母表

　　通过无线通信传送语音信号，难免会出现失真或不清晰的情况，对于一些使用单音字母为暗语信号的特警部队来说，容易产生混淆。为了解决这个问题，语音字母表应运而生。语音字母表将 26 个英文字母用对应字母打头的单词来表示——通话时，特警队员说出某个既定词汇即代表使用其对应的首字母——这样基本不会出现误解或遗漏的问题。通常这种字母表常用来准确描述重要事件、重要物品或重要人物，比如用 "bravo Oscar mike bravo" 来代表 "bomb"。

警用语音字母表		民用语音字母表	
A=ALPHA	N=NOVEMBER	A=ADAM	N=NORA
B=BRAVO	O=OSCAR	B=BOY	O=OCEAN
C=CHARLIE	P=PAPA	C=CHARLES	P=PAUL
D=DELTA	Q=QUEBEC	D=DAVID	Q=QUEEN
E=ECHO	R=ROMEO	E=EDWARD	R=ROBERT
F=FOXTROT	S=SIERRA	F=FRANK	S=SAM
G=GOLF	T=TANGO	G=GRORGE	T=TOM
H=HOTEL	U=UNIFORM	H=HENRY	U=UNION
I=INDIA	V=VICTOR	I=IDA	V=VICTOR
J=JULIET	W=WHISKEY	J=JOHN	W=WILLIAM
K=KILO	X=XRAY	K=KING	X=XRAY
L=LIMA	Y=YANKEE	L=LINCOLN	Y=YOUNG
M=MIKE	Z=ZULU	M=MARY	Z=ZEBRA

身份鉴别密码

虽然暗语卡、呼叫号和语音字母表都可对通话内容进行加密，但依然无法彻底阻止匪徒发出虚假信息。为了加强通信的安全，特警队员在通话时会对身份进行确认。身份鉴别密码是一个用来鉴别身份的密码表，表中的内容应在事前约定。

J	05	23	16	88	79	33
I	12	78	07	59	98	54
H	65	69	09	35	95	17
G	95	41	98	38	46	77
F	32	13	97	08	48	22
E	14	09	91	21	51	54
D	25	06	56	28	26	55
C	86	05	53	26	34	53
B	64	65	34	27	95	82
A	95	82	54	65	61	83
	A	B	C	B	E	F

使用身份鉴别密码的方法如下：

"大山呼石头，over。"

"石头收到，over。"

"大山呼石头，暗语 15，over。"

"石头呼大山，身份鉴别 ECHO、BRAVO，over。"

"大山呼石头，密码：09，over。"

......

此例中指挥官要求突击队员报出身份鉴别密码表中纵坐标 E（ECHO）、横坐标 B（BRAVO）所对应的数字，突击队员根据鉴别密码表给出了正确密码 09。

此外，还有一种更有效率的身份鉴别方式，即信息发出者自己报出坐标信息，然后自己给出对应密码，如"大山呼石头，找到宝石，身份鉴别 ECHO、BRAVO，09，over。"

在某些情况下，通话双方可用暗语的方式为身份鉴别密码加上一个偏移量，以掩盖真实密码，进一步提高通信的安全。如约定暗语 08 意为身份鉴别密码向右偏移 3 个位置，那么前面例子中的对应密码就由 09 变为了 51。

特警队员在通信过程中，应不定时地多次使用身份鉴别密码，并留意已被使用过的鉴别密码组合，且如果情况允许，应该划去已经用过的密码组合。身份鉴定密码，不仅应被妥善保管，还应在遗失或多次使用后及时更换。此外，表格中的数字应该随机产生，不应有规律。

无线通信训练

特警部队的无线通信训练重点在于：

●对声音的辨识。训练分辨设备噪声、人为噪声、常见自然干扰的噪声，训练在噪声环境下对有用声音和信号的辨识。

●养成优秀的无线通信习惯。用语清晰、简单明了，并严格遵守通信纪律。

手语

手语是特警部队作战不可或缺的通信方式。相比其他方式而言，手语通常在攻击的最后阶段或对声音有着极高的控制要求的可目视的环境中使用。

手语的优点

手语交流不需要任何设备，信号发出时不会有任何声音产生，也不会出现被干扰或窃听的可能。手语通信的信号送出和接收是同时进行的，相比无线通信更为直接。并且特警队员可以根据自身的需要不断增加手语的内容，理论上手语可以表达任何内容。

手语的缺点

若特警队员配合不够默契，手语就容易被误读。而且手语依赖于目视，若环境中的光线不好或有遮挡物，就会导致无法通信。此外，虽然理论上手语可以表达所有内容，但对于特警部队来说，过于复杂的手语动作显然是不适合使用的。因此，手语通常会被用来传达简单且常用的命令。

特警部队所使用的手语都是单手动作——因为特警队员必须用一只手来握持

▲ 图为数字0～9的手语表示方式。

武器。此外，特警队员在发出手语动作时，还需要一边做动作，一边警戒前方。

▼ **你：** 伸开手臂，用食指指向队友。

▼ **我：** 以食指指向自己胸膛。

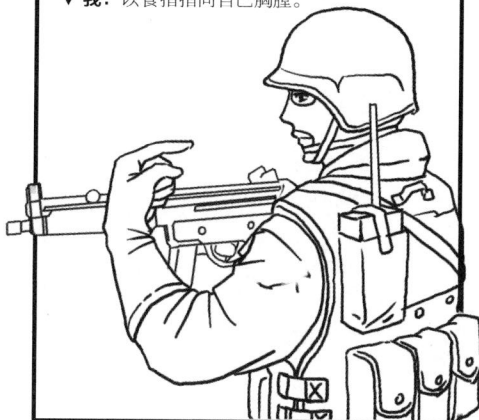

▼ **来：** 伸开手臂，手指合拢，向着自己身体的方向来回摆动，指示队友向自己靠拢。

▼ **听到：** 举起手臂，手指合拢，拇指和食指触及耳朵，掌心朝向队友。

▼ **看见：** 手指合拢，并水平置于前额位置，掌心向下。

▼ **那里：** 伸开手臂，以食指指向目标。

▼ **上：** 弯曲手肘，前臂垂直指向地面，手臂呈"L"状，手指合拢，将前臂向前摆动。

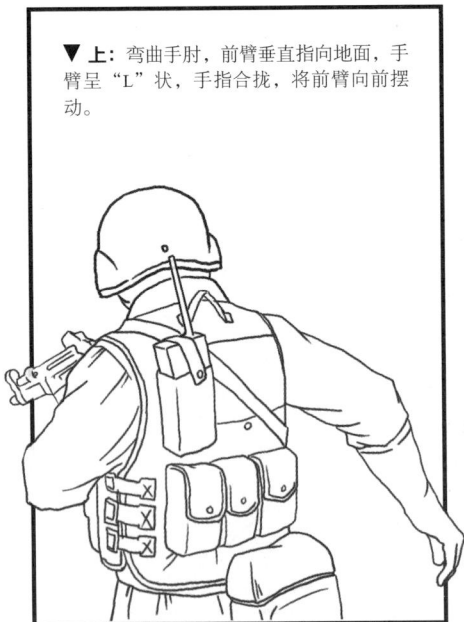

▼ **收到：** 伸开手臂，然后大拇指和食指做OK状。

▼ **转角处**：手臂伸开呈"L"状，从身后横摆向身前。这个手语通常用在"上"的手语发出后。

▼ **赶快**：手掌握拳，弯曲手肘，手臂做上下运动。

▼ **停止**：伸开手臂，掌心向着队员。

▼ **催泪瓦斯**：手指分开，手掌呈碗状扣向口鼻。

▼ **掩护我**：举手至头顶，弯曲手肘，掌心朝着头顶。

▼ **肃静**：握拳并竖起食指，垂直放在唇部。

▼ **不明白**：略微弯曲手臂，掌心向上，约举至肩膀高度，并做耸肩动作。

▼ **明白**：手臂向身旁伸出，手肘弯曲，手腕举至面颊高度做握拳状，掌心向着队员。

▼ **进入**：合拢手指，伸开手臂，横向从身后向前摆动。

▼ **成人**：手臂向身旁伸出，手部抬至肩膀高度，掌心向下。

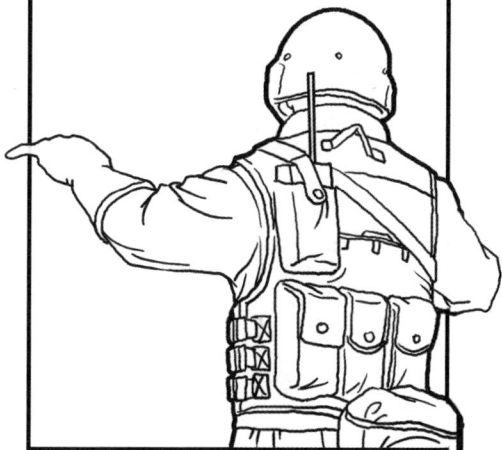

▼ **人质**：用手掌握住自己的颈部。

▼ **小孩**：手臂向身旁伸出，手肘弯曲，掌心向下固定于腰部高度。

▼ **狙击手**：手指弯曲，像握着筒状物，置于眼前。

▼ **嫌疑犯**：以拇指和食指握住另一只手的前臂位置。

▼ **女性**：用掌心握成碗状，扣在胸前。

▼ **男性**：以掌心在自己面颊上做上下摩擦动作。

▼ **门口**：以食指先由下向上，再向左、向下画一个开口矩形的门口形状。

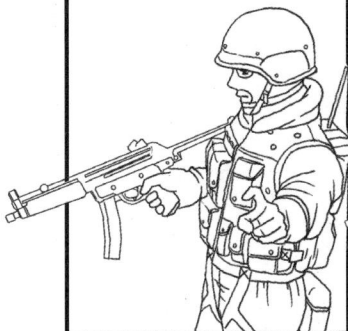

▼ **窗户**：以食指先由下向上，再向右、向下、向左画一个类似于窗户的形状。

▼ **指挥官**：食指、中指和无名指并排伸直，横向置于另一手臂上。

▼ **霰弹枪**：手指呈半握状，手臂抬至肩高，然后上下运动。若信号发出者自己就带着霰弹枪，则用食指指向自己的武器即可。

▼ **自动武器：** 手指弯曲，在胸前如同扫动吉他琴弦。

▼ **汽车：** 手指弯曲，像单手握住方向盘样，并作左右圆弧摆动。

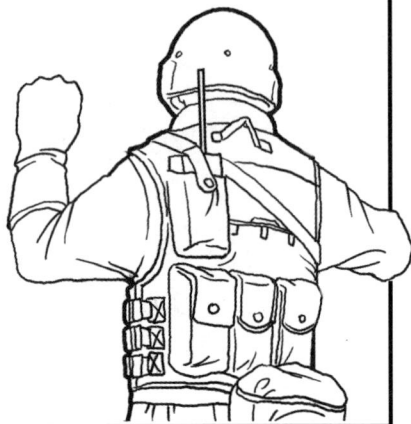

▼ **弹药：** 手拿一个弹匣或上弹器或一发子弹，举到头顶高度后，缓慢左右摆动。

▼ **集合：** 举起手臂，食指向上缓慢画圆。

▼ **手枪：** 伸出大拇指和食指，做出手枪的形状。

▼ **步枪：** 高举手臂，大拇指和食指做出手枪的形状。

▼ **下来：** 手臂向身旁伸出，手肘弯曲，掌心向下摆动至腰的高度。

▼ **横向队形：** 握拳，手臂横向伸出。

▼ **狗**：垂下手臂，手掌置于腰间，掌心向上，手指分开呈爪状。

▼ **不用理会**：以手掌向着队员，手指合拢，前臂左右摆动。

▼ **单纵队**：举起手臂，弯曲手肘，手掌垂直，然后做前后劈砍动作。

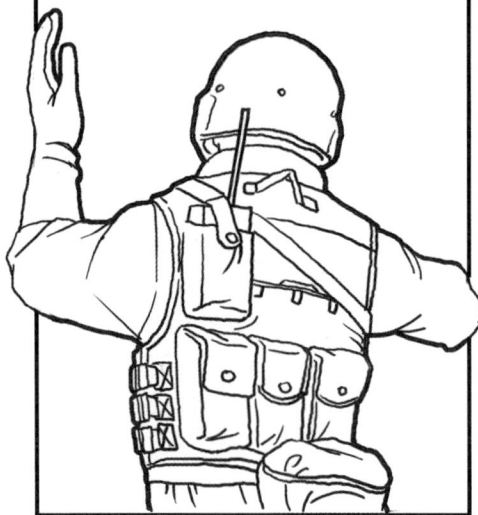

▼ **双纵队**：手肘弯曲，手举至头部高度，食指和中指做钩状，前后摆动。

▼ **V字队形：** 握拳，伸出手臂与身体呈一定角度，然后摆动到后方。

两大阵营，六大主战场
武力的较量，智慧的交锋
硝烟散尽，归来仍是和平

第二次世界大战史
战略与战术

军史大师富勒呕心沥血之力作
对二战深刻的反思

二战中英国、美国、德国的战役法研究的

匠心之作

FROM VICTORY TO
STALEMATE

指挥系列003

从胜利
到僵局

FROM DEFEAT TO
VICTORY 战役卷 战役指挥

[英] C.J. 迪克 著 郭伟猛 译

1944年夏季西线的
决定性与
非决定性战役

DECISIVE AND INDECISIVE MILITARY
OPERATIONS
THE WESTERN FRONT,
SUMMER 1944

台海出版社

FROM VICTORY TO
STALEMATE